W0195360

ullstein

Das Buch

Tagtäglich schreiben Tausende Deutsche Leserbriefe, die sich mit den großen Fragen des Lebens befassen: »Soll ich den Supermarkt auf zwei Euro verklagen, weil er ausgepackte Ware nicht zurücknehmen will?« – »Warum liegen auf meinem Teppich immer Flusen?« – »Ich rieche aus der Nase, am stärksten ist der Geruch morgens. Was kann ich tun?« – »Bekomme ich von Elektrosmog einen dicken Fuß?« – »Wer zahlt meine Miete, wenn ich im Knast bin?«
Matthias Müller-Michaelis und sein Team bearbeiten seit vielen Jahren die Leserbriefe für deutsche Zeitschriften und haben die kuriosesten, witzigsten und dümmsten Leseranfragen gesammelt. Hier erfährt man, was die Nation wirklich bewegt.

Der Autor

Matthias Müller-Michaelis, Jahrgang 1956, war lange Jahre Redaktionsleiter und Chefredakteur diverser Zeitschriften. Heute arbeitet er als freier Wirtschaftsjournalist, Sachbuchautor und leitet die Firma Livingston Media, die als Deutschlands größte Service-Redaktion seit vielen Jahren die Leseranfragen namhafter Zeitschriften und Illustrierten beantwortet.

Matthias Müller-Michaelis
mit Angela König

»Liebt mein
Mann unseren Dackel
mehr als mich?«

Deutschlands lustigste Leserbriefe

Ullstein

Besuchen Sie uns im Internet:
www.ullstein-taschenbuch.de

Originalausgabe im Ullstein Taschenbuch
1. Auflage Februar 2011
© Ullstein Buchverlage GmbH, Berlin 2011
Konzept und Realisation: Livingston Mediaservice und Verlag,
22529 Hamburg, www.livingston-media.de
Umschlaggestaltung: HildenDesign, München
Titelillustration: © Maximilian Meinzold / HildenDesign
Satz: KompetenzCenter, Mönchengladbach
Papier: Pamo Super von Arctic Paper Mochenwangen GmbH
Druck und Bindearbeiten: CPI – Ebner & Spiegel, Ulm
Printed in Germany
ISBN 978-3-548-37345-4

Inhalt

Vorwort: Leserbriefe, die Sie sonst nie zu lesen bekommen

Haben Sie auch schon mal Post von uns bekommen? Unwahrscheinlich wäre das nicht. Denn im Laufe der vergangenen fast zwanzig Jahre haben wir Zigtausende von Leseranfragen beantwortet – im Namen von mehr als einem Dutzend großer deutscher Zeitungen und Zeitschriften.

Die Briefe landen bei uns, wenn Leser nicht nur ihre Meinung sagen wollen, sondern Hilfe suchen bei privaten Problemen, bei Streit mit dem Vermieter, dem Nachbarn, dem Arbeitgeber oder mit Behörden. In diesen Fällen müssen die meisten Redaktionen schon aus personellen Gründen passen.

Zunächst einmal muss einer unserer Mitarbeiter sich dann durch die häufig mehrere Seiten langen und manchmal handschriftlich verfassten, oft schwer entzifferbaren Schilderungen ganzer Lebensläufe kämpfen. Vorausgesetzt, es findet sich überhaupt eine halbwegs leserliche Anschrift, so notiert er diese für unser Antwortschreiben.

Danach landet jede Zuschrift bei der nahezu allwissenden Chefin unserer Dokumentation. Ihr gelingt es auf sagenhafte Weise, z.B. das gewünschte Aktenzeichen eines schon vor langer Zeit veröffentlichten Gerichtsurteils oder eine Gesetzespassage zu nennen. Aber sie weiß ebenso Antwort auf unorthodoxe Fragen: warum in der Ölheizung nur Wasser fließt oder ob es wirklich die Japaner waren, die das Zahlenrätsel »Sudoku« erfunden haben. Manchmal aber muss auch unser Superhirn passen. Dann leitet sie die Fragen an Experten der verschiedenen Fachgebiete weiter – an Rechtsanwälte, Steuer- und Sozialversicherungsexperten oder Psychologen.

Am Ende verfasst dann ein weiterer Mitarbeiter mit viel Fingerspitzengefühl den Antwortbrief. Denn auch eine für den Leser wenig erfreuliche Auskunft muss so formuliert sein, dass seine Enttäuschung sich nicht auf Redaktion oder Verlag überträgt.

In den vergangenen Jahren haben viele Redaktionen ihren Leserdienst eingestellt, da sich, gemessen an dem Preis, den der Leser für die Zeitschrift ausgibt, die Antwort auf seine Frage aus Sicht der meisten Verlage nicht mehr rechnet. Aber immerhin leisten sich noch einige Zeitungen und Zeitschriften diesen Service. Ihnen ist es wichtig, dass sich ihre Leser ernst genommen fühlen. Sie möchten ein offenes Ohr für die Belange der Leser zeigen und sich, wenn es die Situation erfordert, auch zu deren Sprachrohr und Interessenvertreter machen.

Auf Bitten der Leser setzen wir uns deshalb auch mal direkt mit Behörden oder Sozialversicherungen in Verbindung, um Irrtümer oder Missverständnisse aufzuklären oder schnell auf das drohende Verstreichen einer wichtigen Frist hinzuweisen, damit die Leser noch in letzter Minute z.B. einen Anwalt einschalten oder einem Mahnbescheid widersprechen können.

In solchen Fällen oder wenn wir einen Antwortbrief mit dem Wissen in die Post geben können, einem verzweifelten Menschen geholfen zu haben, bleibt bei uns immer ein gutes Gefühl. Vor allem bei älteren Menschen oder jenen Lesern, die Problemen hilflos gegenüberstehen und nicht wissen, dass jeder auf dem Amtsgericht Anwaltshilfe auf Staatskosten beantragen kann, und die »ihre« Redaktion darum als letzten Retter in der Not ansehen.

Aber es gibt auch die Momente, in denen wir vor Wut »in den Schreibtisch beißen möchten«. Etwa, wenn der Erbe eines Wohnblocks im Wert von mehreren Millionen Euro Anregungen von der Redaktion dafür erbittet, wie er trotzdem weiter Hartz IV beziehen kann (ohne einen frankierten Rückumschlag beizufügen). Oder wenn die Chefin einer Textilreinigung von uns Tipps möchte, wie sie ihre schwangere Mitarbeiterin mittels eines vorgeschobenen Kündigungsgrundes und ohne Kosten für einen Anwalt hinauswerfen kann, und uns für die Antwort eine Frist von drei Tagen setzt …

Es gibt auch eine Vielzahl von Fällen, in denen sich Leser von uns Hilfe bei kleinen Schummeleien oder größeren Betrügereien erhoffen. Natürlich fällt es dann schwer, so freundlich zu bleiben, wie es unsere Rolle als Dienstleister nun mal verlangt. Einige besonders »schöne« Beispiele für solche Bitten finden Sie ebenfalls in diesem Buch. Da geht es dann z.B. um die Fragen, wie Faulpelze sich ohne Verlust von Arbeitslosengeld weiter vor Jobs drücken können, ob man sich ein Gratishandy erschleichen kann, wenn man einen Telefonvertrag mit Zaubertinte unterschreibt, oder wie man anderen am besten Falschgeld andreht …

Übrigens: Alle Briefe unserer Leser geben wir im originalen Wortlaut wieder. Lediglich Rechtschreib-, Grammatik- oder andere kleine Fehler wurden korrigiert – wegen der besseren Lesbarkeit und um Missverständnisse auszuräumen. In seltenen Fällen weichen also ein Brief und der dazu abgebildete Briefausschnitt geringfügig voneinander ab. Wir haben natürlich, obwohl alle Leser mit dem Abdruck ihres Briefes einverstanden waren, jeden Hinweis auf den Absender oder andere beteiligte Personen weggelassen. Allenfalls der Schreiber selbst könnte seinen eigenen Brief wiedererkennen. Und garantiert werden Sie beim einen oder anderen Brief schmunzeln – vor allem, wenn die Fragestellung auf einem Missverständnis beruht. Aber dann ist es eben unser Job, ganz normale Redakteursarbeit zu machen und etwas zu erklären bzw. mit einem Missverständnis aufzuräumen. Denn unsere Arbeit steht immer unter dem Motto »Dumme Fragen gibt es nicht«.

Und sollten auch Sie eine Frage oder ein Problem haben, schreiben Sie doch einfach mal an die Redaktion Ihrer Zeitung oder Zeitschrift. Vielleicht trägt der Antwortbrief an Sie ja meine Unterschrift ...

Matthias Müller-Michaelis & das Team
von Livingston-Media

Kapitel 1

Fragen gibt es, die fallen einem im Traum nicht ein

Die meisten Leser wenden sich an uns, weil sie nicht mehr weiterwissen, sich von Behörden allein gelassen, von Institutionen abgewimmelt oder nicht ernst genommen, von Chefs oder Vermietern ausgenutzt oder Vertragspartnern überrumpelt fühlen.

Aber in jedem Stapel Post gibt es auch die Briefe, bei deren Lektüre automatisch Kopfschütteln einsetzt. Und wir haben manchmal das Gefühl, hier will uns jemand auf den Arm nehmen oder einfach mal unsere Grenzen antesten. Manchmal erfordert es schon einige Mühe, das Anliegen noch sachlich zu betrachten. Aber auch dann bemühen wir uns um eine entsprechende Antwort. Überzeugen Sie sich selbst.

Soll ich wirklich täglich Pferdefleisch servieren?

Sehr geehrte Redaktion,
nach seinem zweiten Bandscheibenvorfall vor 2 Jahren
macht mein Mann auf ärztliches Anraten Muskelaufbau-

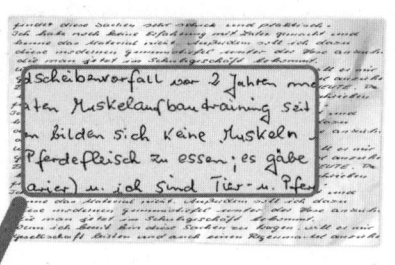

training seit ca. 1 1/2
Jahren. Trotz Anstren-
gungen bilden sich keine
Muskeln, und sein Trai-
ner rät, tagtäglich Pfer-
defleisch zu essen; es gä-
be nichts Besseres. Meine
Familie (Vegetarier) und
ich sind Tier- und Pferdeliebhaber und können uns nicht
vorstellen, diese Tiere zu essen. Ich weigere mich, in mei-
nen Töpfen Pferdefleisch zuzubereiten. Bitte, wissen Sie
Rat und Hilfe. Muss ich das wirklich machen?

Eine Leserin, die zumindest beim Kochen
nicht aufs richtige Pferd setzen möchte

Sehr geehrte Leserin,
so richtig nachvollziehen können wir den sicherlich gut
gemeinten Rat des Trainers, Ihr Mann möge täglich Pferdefleisch essen, eigentlich nicht. Wir haben lange recher-
chiert, aber keine gesicherten medizinisch-wissenschaft-
lichen Hinweise auf eine besondere muskelbildende
Wirkung von Pferdefleisch gefunden. Medizinisch abge-
sichert dagegen ist, dass eine Vergrößerung der Muskel-
masse den Bedarf an Proteinen in der Nahrung erhöht. Dabei handelt es sich um Eiweißstoffe, die bei der Verdauung
in ihre Bestandteile zerlegt werden. Auf diese Aminosäuren

ist der Körper besonders angewiesen, denn er kann sie nicht selbst produzieren. Aber auch proteinreiche Nahrung vermag keine Wunder zu vollbringen.

Wir vermuten, dass beim Tipp des Trainers eine große Portion Aberglaube mitschwingt. Denn der Proteingehalt von Fleisch beträgt bis zu 31 Prozent, davon kann der Körper bis zu 68 Prozent verwerten. Käse jedoch hat einen Proteingehalt bis zu 36 Prozent, und bis zu 70 Prozent werden vom Körper verarbeitet. Statt Pferdefleisch könnte Ihr Mann also auch viel Käse essen. Allenfalls kann generell gesagt werden, dass rotes Fleisch (Rind, Pferd) mehr Eisen als weißes (z. B. Geflügel) enthält, was sich ebenfalls gesundheitlich auswirken kann. Diese Wirkung lässt sich aber auch durch zusätzliche Eisengaben erreichen. Darüber sollte Ihr Mann einmal mit seinem Arzt sprechen. Die Einnahme von Nahrungsergänzungsmitteln ohne ärztliche Empfehlung halten wir für nicht sinnvoll.

Wie bekomme ich 2 500 Euro für einen Geistheiler geliehen?

Sehr geehrte Redaktion, leihen Sie mir Geld? Jetzt erkläre ich Ihnen einmal genau, wofür ich 2 500 € dringend benötige. Ich werde seit 1992 schwarzmagisch bearbeitet. Gott sei Dank habe ich voriges Jahr von dem weltbekannten Geistheiler ... die Telefonnummer von ... bekommen. In Afrika macht er Befreiungsrituale

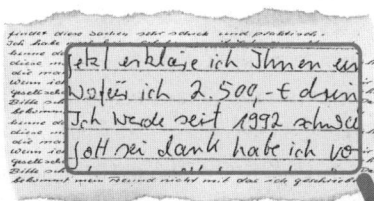

von schwarzer Magie. Das Geld brauche ich für einen Flug nach Mali und zurück, Impfkosten, Visum, 6 Tage Hotel und 700 € für die Rituale. … hat mir hundertprozentig zugesagt, dass er mir helfen kann und ich nach den Ritualen ein vollkommen neues Leben bekomme! Sofort nach meiner Rückkehr werde ich mich als Geistheilerin ausbilden lassen, also ist sichergestellt, dass ich das Geld, das Sie mir leihen, schnellstmöglich zurückzahle!

Eine geistreiche Leserin aus Bayern,
von der ein seltsamer Zauber ausgeht …

Sehr geehrte Leserin,
leider können und dürfen wir Ihnen das benötigte Geld nicht leihen. Dafür bitten wir Sie um Verständnis. Denn wenn wir *einem* Leser finanziell unter die Arme greifen, müssten wir dies auch allen anderen einräumen. Das aber würde unsere Möglichkeiten, vor allem die finanziellen, weit übersteigen.

Leider befürchten wir, dass Sie auch kaum eine Bank finden werden, die Ihnen ein Darlehen geben wird. Denn Ihre Rückzahlungszusage beruht ja allein auf erhofften Verdiensten aus einer Tätigkeit, die Sie künftig erst noch erlernen möchten. Vor diesem Hintergrund sollten Sie eventuell lieber versuchen, andere von der Geistesheilung überzeugte Personen zu einer privaten Kreditgewährung zu bewegen.

Wir bedauern, Ihnen keine andere Auskunft geben zu können, und wünschen Ihnen alles Gute bei dem mutigen Schritt in die Selbständigkeit.

Warum schleckt mir unser Hund immer die Beine ab?

Liebe Redaktion,
wenn ich im Sommer
schwitze, »hängt« unser
Hund, ein Jack Russell,
ständig bei mir und
schleckt meine Beine

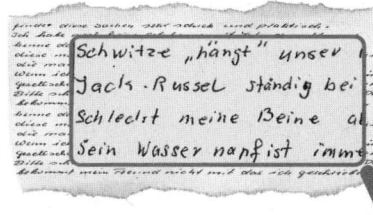

ab. Sein Wassernapf ist immer gefüllt. Hat er Mangel-
erscheinungen?

Eine Leserin mit einem überaus
»anhänglichen« Vierbeiner

Sehr geehrte Leserin,
bitte machen Sie sich wegen des Verhaltens Ihres Hundes
keine allzu großen Gedanken. Denn neben der Zuneigung
zu Ihnen dürfte es wohl vor allem der salzhaltige Schweiß
sein, der Ihren Hund zu diesen »Schleckereien« bringt.

Eventuell kann es auch auf Mangelerscheinungen hinweisen. Normalerweise sollten sie zwar nicht auftreten,
wenn der Hund mit einem handelsüblichen Alleinfutter
versorgt wird, das alle erforderlichen Nährstoffe enthält
und als Trocken- oder Nassfutter gegeben wird. Es ist
aber nicht auszuschließen, dass gesundheitliche Umstände beim Hund dazu führen, dass er nicht alle Nährstoffe
verwerten kann. Dies sollte zur Sicherheit von einem
Tierarzt abgeklärt werden, z.B. durch eine Blutunter-
suchung.

Kann es sein, dass ich nachts meinen verstorbenen Mann sehe?

Sehr geehrte Redaktion,
lachen Sie mich bitte nicht aus. Mein Mann ist im letzten Jahr verstorben. Ist es Einbildung oder kann es sein, dass ich ihn nachts gesehen habe und er auch kurz was gesagt hat? Wie sehen Ihre Experten das?

Eine verunsicherte Leserin,
der so manches (seltsam) erscheint

Sehr geehrte Leserin,
natürlich lachen wir Sie nicht wegen Ihrer Frage aus. Denn schließlich sind wir dafür da, bei allen Themen Hilfestellung zu leisten, die dem Ratsuchenden Rätsel aufgeben.

Es ist völlig normal, dass Sie den Eindruck hatten, Ihren verstorbenen Mann gesehen zu haben. Denn wenn uns jemand in Gedanken sehr stark beschäftigt, dann kann das von Ihnen Geschilderte wirklich entstehen – vor dem geistigen Auge oder auch im Traum, was aber manchmal nicht zu unterscheiden ist.

Und so wird es wohl gewesen sein. Denn wissenschaftlich betrachtet, müsste die Antwort auf Ihre Frage ein klares Nein sein. Aber man sollte nicht alle uns rätselhaft erscheinende Phänomene wissenschaftlich zu erklären versuchen. Vielleicht lässt sich gerade in Ihrem Fall das Wahrgenommene auch mit dem wunderschönen Zitat aus dem Buch »Der kleine Prinz« von Antoine de Saint-Exupéry erklären, das da lautet: »Man sieht nur mit dem Herzen gut«. Vielleicht ist es ja so gewesen, dass Ihr Herz in diesem Fall besser gesehen hat als Ihre Augen.

Misshandlungen durch Ultraschall –
wie kann ich mich wehren?

Sehr geehrte Redaktion,
vor einem Jahr zog in die Wohnung über mir ein alleinste-
hender Mann ein. Seit drei Monaten ist Tag und Nacht von
oben ein intensiver Brummton zu hören. Gleichzeitig habe
ich plötzlich Überdruck auf meinen Ohren, starkes Herz-
klopfen, Schweißausbrüche, Atemnot, Schmerzen in all
meinen inneren Organen,
und es kribbelt am gan-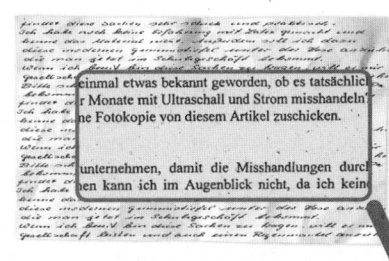
zen Körper. Ich vermute,
dass der Mieter über mir
einen Ultraschallgenera-
tor und einen Mini-Hoch-
spannungsgenerator ge-
gen mich einsetzt. Er
behauptet, er mache nichts. Zweimal habe ich bereits die
Polizei gerufen, aber die haben nichts unternommen. Und
mein Vermieter sagt, ich könne ja ausziehen, wenn mir was
nicht passt. Ist schon einmal etwas bekanntgeworden, ob
es tatsächlich möglich ist, dass Mieter ihre Nachbarn über
Monate mit Ultraschall und Strom misshandeln? Wenn ja,
können Sie mir vielleicht eine Fotokopie von diesem Arti-
kel zuschicken. Was soll ich in meiner Situation unterneh-
men, damit die Misshandlungen durch meinen Nachbarn
aufhören? Ausziehen kann ich im Augenblick nicht, da ich
so schnell keine neue Wohnung finde.

Ein Leser,
der offenbar unter Strom steht

Sehr geehrter Leser,

generell müsste von Ihnen zunächst einmal der Beweis erbracht werden, dass Ihr Nachbar Sie mit einem Ultraschallgenerator traktiert. Hierzu wäre es erforderlich, entsprechende Messungen oder Protokolle vorlegen zu können. Unternehmen, die solche Messungen vornehmen, können Sie sich vom Umweltreferat Ihres Wohnortes oder Landkreises nennen lassen.

Auch wird es Ihnen vielleicht weiterhelfen, wenn Sie Ihren Fall einmal der Umweltbehörde schildern und/oder sich an verschiedene Umweltverbände (siehe Branchenbuch) wenden. Sie wissen vermutlich selbst, dass nicht jeder Sachbearbeiter Ihrem Problem mit der gleichen Aufgeschlossenheit begegnen wird. Der Versuch kann dennoch lohnen, weil Sie dabei nichts verlieren können, sondern sich das Rätsel im Idealfall tatsächlich aufklärt.

Vielleicht sollten Sie auch in Betracht ziehen, dass der Einzug des neuen Nachbarn mit einer Erkrankung Ihrer Ohren zeitlich im Zusammenhang steht. Denn etwa fünf bis zehn Prozent aller Erwachsenen leiden an einem Tinnitus. Dabei handelt es sich um Ohrgeräusche, die der Betroffene wahrnimmt, ohne dass wirklich objektiv wahrnehmbare Geräusche existieren. Ursachen können verschiedene Erkrankungen des Ohres, ein Hörsturz oder auch starker Blutdruckabfall sein. Dies sollten Sie eventuell durch einen Arztbesuch abklären lassen, ehe Sie weitere Nachforschungen wegen des vermeintlich vorhandenen Geräuschs anstellen, zumal ja offenbar auch die von Ihnen gerufenen Polizeibeamten objektiv nichts feststellen konnten.

Kann man beim Sex hängen bleiben?

Sehr geehrte Redaktion,
ich habe gehört, dass in meinem Bekanntenkreis ein
Liebespaar beim Sex hängen geblieben ist und von allein
nicht mehr loskam. Können Sie mir beantworten, wie
so etwas möglich ist – vielleicht durch einen Krampf?
Bitte veröffentlichen Sie auf gar keinen Fall meinen
Namen!

Eine Leserin, die sich vor erotischen
»Hänge«-Partien fürchtet

Sehr geehrte Leserin,
generell ist zwar ein Scheidenkrampf, bei dem sich die
Muskeln im Vaginalbereich zusammenziehen, nicht auszuschließen. Dass Paare deshalb beim Sex »stecken« oder
»hängen bleiben«, wie Sie es formulieren, gehört nach Ansicht der von uns befragten Ärzte aber eher in den Bereich
der »phantastischen Geschichten«. Denn schon das Vagi-
nalsekret der Frau verhindert, dass das Geschlechtsteil des
Mannes wie in einem Schraubstock festgehalten wird.
Daher sollte es aus Sicht der von uns befragten Mediziner
immer möglich sein, sich voneinander zu lösen. Tritt der
Scheidenkrampf vor der »Vereinigung« auf, so ist kein Ein-
dringen des Mannes möglich. Das Problem des »Fest-
steckens« stellt sich dann also gar nicht erst. Wir hoffen,
die Frage damit zu Ihrer vollsten Befriedigung beantwortet
zu haben.

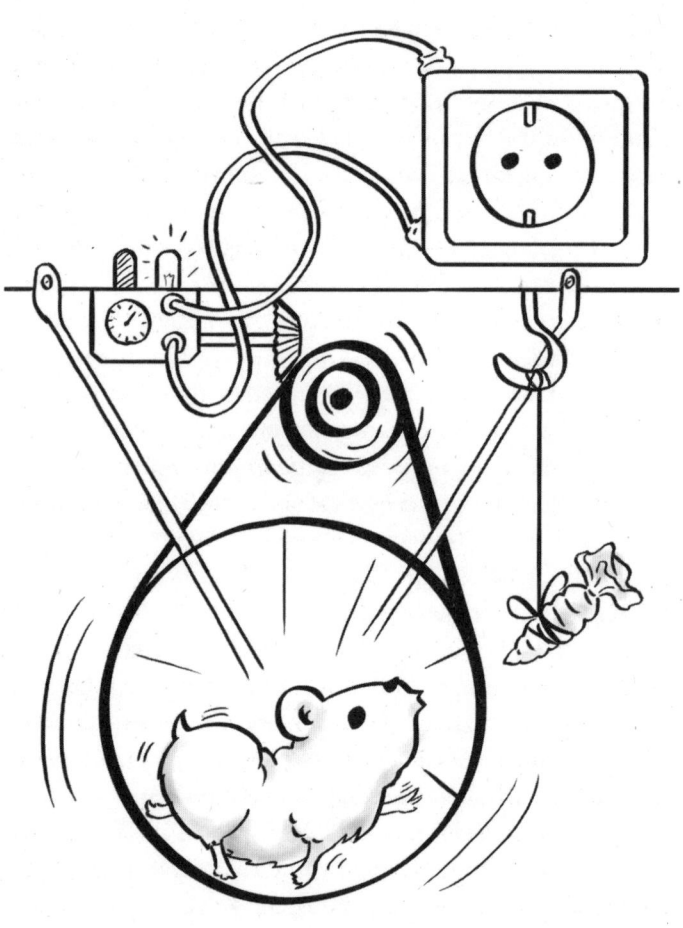

Kann ein Goldhamster die Stromkosten senken?

Liebes Redaktionsteam,
unser Sohn hat zu seinem 12. Geburtstag einen Gold-
hamster geschenkt bekommen. Die ganze Familie freut sich
über den putzigen Mitbewohner und beobachtet ihn gern,
wenn er sein Futter knabbert oder emsig im Laufrad seine
Runden dreht. Jetzt meinte unsere 14-jährige Tochter, dass
man doch eigentlich nur einen Dynamo an das Rad an-
schließen müsste, um Strom zu erzeugen. Mein Mann hält
das für absoluten Quatsch. Aber wäre es nicht rein theore-
tisch denkbar, zumindest ein bisschen Strom zu erzeugen,
wenn Bruno im Laufrad schwitzt und ackert? Natürlich
nicht besonders viel, aber eventuell doch ein klein wenig?
Wir diskutieren uns in der Familie deswegen seit ein paar
Tagen die Köpfe heiß, kommen aber auf keinen gemein-
samen Nenner. Wer von uns hat denn nun recht?

Eine Leserin, der beim »Hamstern«
vielleicht bald ein Licht aufgeht

Sehr geehrte Leserin,
es ist eine sehr interessante Frage, die Sie da stellen. Denn
wer würde sich heutzutage nicht gern seine eigene alterna-
tive Energiequelle erschließen, die gleichzeitig auch noch so
niedlich anzuschauen ist wie ein Goldhamster!

Salomonisch gesprochen, haben alle in Ihrer Familie
recht! Und die Frage ist auch keineswegs albern – immerhin hat sich bereits im Jahr 2007 das angesehene Wissen-
schaftsmagazin »New Scientist« damit beschäftigt und ist
zu dem Ergebnis gekommen, dass ein durchschnittlicher
Hamster etwa 0,5 Watt an Energie erzeugen kann. Um

eine 60-Watt-Glühlampe eine Stunde lang leuchten zu lassen, müssten also 120 Hamster fleißig im Rad laufen. Um sich Ihre Haare zu föhnen, bräuchten Sie 2000 kleine Nager. Und fürs Bügeln wären sogar 2400 fleißig rennende Hamster nötig.

Theoretisch ist es also durchaus möglich, Hamster als Energiequelle einzusetzen. Zu berücksichtigen ist aber auch der dafür erforderliche Platz und dass diese Fläche beheizt und beleuchtet werden müsste – was die Energiebilanz in den Nullbereich drücken könnte. Hinzu kommt, dass Hamster im Schnitt eine Lebenserwartung von zweieinhalb Jahren haben, normale Lebensbedingungen und ausreichend Schlaf für das nachtaktive Tier vorausgesetzt. Mal angenommen, der Hamster kann seine maximale Energie für eine halbe Stunde am Tag zur Verfügung stellen, bräuchten wir für die Versorgung einer Großstadt mehrere Milliarden Hamster – und dann noch alle zweieinhalb Jahre neue …

Bekomme ich meine Regel nicht, weil mein Mann in Singapur war?

Sehr geehrte Redaktion,
mein Mann und ich befinden uns in gut situierten Kreisen,

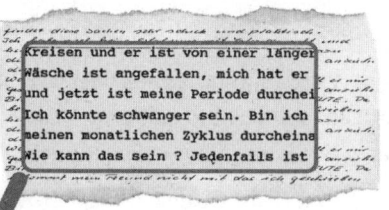

und er ist von einer längeren, weiten Reise zurückgekehrt. Wäsche ist angefallen, mich hat er zum Glück auch noch angefallen, und jetzt ist meine

Periode durcheinandergeraten. Ich könnte schwanger sein. Bin ich aber nicht. Hat seine Reise meinen monatlichen Zyklus durcheinandergebracht? Wie kann das sein? Jedenfalls ist er klimatisch bedingt voller »Körperzellen aus Singapur«.

Was wir als »Klimaumstellung« bezeichnen, ist nicht nur die Anpassung an das sonnige, heiße Wetter, sondern auch die Weltzeituhr hat sich um einige Stunden verschoben. Die Welt in Singapur ist in einer anderen Phase als bei uns. Die neuen Zellen im Körper meines Mannes könnten also meine Regel verschoben haben. Was meinen Sie? Für mich jedenfalls noch ein Grund mehr, unsere Bettwäsche morgens wie Frau Holle aus dem Fenster zu hängen und kräftig auszuschütteln ...

Eine Leserin mit ganz spezieller
»Zellulitis«

Sehr geehrte Leserin,
wir vermuten, dass nicht die Körperzellen Ihres Mannes und eine wie auch immer geartete Beeinflussung seines Körpers durch die Singapur-Reise dafür verantwortlich zu machen sind, dass Ihr Zyklus nun durcheinandergeraten ist. Denn es ist erwiesen, dass der Zyklus einer Frau auch psychischen Einflüssen unterliegt, und wir vermuten einmal, dass darin die Ursache zu sehen ist. Ebenso wie Urlaub, Stress oder auch positive Aufregung kann dies durchaus der Auslöser für Unregelmäßigkeiten sein. Die »Weltzeituhr« mag exakt gehen – der weibliche Zyklus dagegen ist ganz natürlichen Schwankungen unterworfen. Und die sollten für Sie kein Grund zur Besorgnis sein.

Er heißt »Sandy«, seine Frau »Merry«.
Wieso darf ihr Kind nicht »Jamy« heißen?

Sehr geehrte Redaktion,
mein Neffe und seine Frau sind gerade Eltern geworden. Er heißt »Sandy«, seine Frau »Merry«, und ihren Sohn möchten sie »Jamy« nennen, damit bei allen dreien der letzte Buchstabe ein Y ist. Das Standesamt lehnte die Namenswahl ab, angeblich würde daraus nicht eindeutig das Geschlecht des Kindes hervorgehen. Zum Entsetzen der Eltern wurde stattdessen eine Geburtsurkunde auf den Namen »Jamie« ausgestellt. Kann man daran noch etwas ändern?

Eine Leserin, die das Kind beim rechten Namen
nennen möchte

Sehr geehrte Leserin,
viele Eltern kämpfen wegen einer ungewöhnlichen Namenswahl mit dem Standesamt. Doch nicht in allen Fällen entbehren die Einwände vom Amt jeglicher Grundlage.

Deshalb möchten auch wir in Ihrem Fall zu bedenken geben, dass wir uns unter dem Namen »Jamy« weder eindeutig Mann noch eindeutig Frau vorstellen können. Dies aber schreibt das deutsche Recht vor. Danach soll der Name eindeutig das Geschlecht erkennen lassen. Unser Vorschlag zur Güte: Es besteht meist die Möglichkeit, einen das Geschlecht klar erkennbaren Rufnamen hinzuzufügen, z. B. also den Namen Karl-Jamy oder James-Jamy usw. eintragen zu lassen bzw. einen klar zuzuordnenden Namen wie Betty oder Conny bzw. Benny oder Jonny zu wählen – wenn denn das Y am Namensende so wichtig ist.

Terror vom Papagei – vermisst er seinen Kumpel?

Sehr geehrte Redaktion,
ich habe einen 21 Jahre alten, ganz lieben Graupapagei. Immer wenn wir in Urlaub fahren, nimmt meine Tochter ihn in Pflege. Jetzt hat sie sich auch einen Graupapagei angeschafft, und als wir unseren »Coco« nach fünfwöchiger Abwesenheit bei ihr abholten, gab es zum ersten Mal Terror. Bei uns zu Hause pfiff und kreischte der Vogel nur noch, und das so nervenzerfetzend, dass mein Mann davon schwer krank 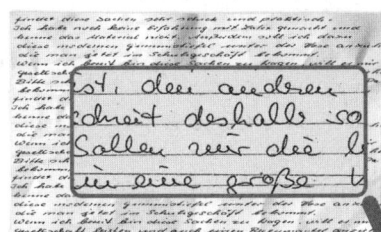 *wurde. Schließlich mussten wir den Papagei wieder zu seinem Kumpel bringen. Als wir ein zweites Mal versuchten, ihn mitzunehmen, pfiff das Tier wieder. Jetzt haben wir ihn bei unserer Tochter gelassen, dort ist er ganz brav und kreischt auch nicht mehr. Die beiden Vögel fliegen zusammen munter in der Wohnung herum. Meine Frage: Vermisst »Coco«, wenn er bei uns ist, den anderen Vogel und schreit deshalb so schrill? Sollen wir die beiden tierischen Freunde zusammen in eine große Voliere umsiedeln? Mir zerreißt es das Herz, wenn »Coco« nicht mehr bei uns sein kann. Zum Glück wohnt meine Tochter ganz in unserer Nähe.*

Eine Leserin, die liebend gern (wieder)
einen Vogel hätte …

Sehr geehrte Leserin,
es ist nun einmal so, dass Vögel Schwarmtiere sind. Aus diesem Grund wird auch so gut wie immer von der Einzel-

haltung abgeraten. Denn Vögel brauchen einen Sozialpartner – auch bei Wellensittichen reicht dafür ein Plastik-Spielkamerad nicht aus.

Diesen Sozialpartner scheint Ihr Papagei nun in seinem Urlaubs-Kumpel gefunden zu haben und nicht wieder verlieren zu wollen. Das Kreischen nach den fünf Wochen in Gesellschaft des anderen Vogels war also ganz offensichtlich ein Rufen nach dem Freund. Und Sie schreiben ja, dass nach der Zusammenführung der beiden gefiederten Kameraden das Kreischen aufgehört hat.

Es wäre ein großes Zeichen Ihrer Tierliebe, den Vogel nun bei dem Gefährten zu lassen – und wenn Sie selbst über eine Neuanschaffung nachdenken, sollten Sie sich besser gleich zwei Vögel kaufen.

Peinliche Pannenshow im Café – gibt es Schmerzensgeld?

Sehr geehrte Redaktion,
als ich neulich mit meiner Mutti Kaffee trinken war, kippte mir die tollpatschige Kellnerin den kochendheißen Cappuccino über den Rock. Weil meine Oberschenkel heftig brannten, wollte ich sie auf der Toilette mit kaltem Wasser kühlen. Dabei machte ich mich so nass, dass es leider etwas seltsam aussah – als wäre mir ein kleines Malheur passiert. Sehr peinlich! Die Serviererin hatte inzwischen »zur Entschuldigung« (hahaha) einen neuen Cappuccino und ein kleines Stück Nusstorte gebracht. Dabei kann ich Nusstorte nicht ausstehen, und wenn doch, wäre ja wohl ein großes Stück fällig gewesen! Also stellte ich die Kellnerin zur Rede und wollte ihren Namen wissen. Da wurde sie

patzig und meinte, jetzt müsse ich Kaffee und Kuchen bezahlen. Das fiel mir aber nach dieser Pannenshow gar nicht ein. Nun meine Frage: Kann ich für meine verbrühten Oberschenkel Schmerzensgeld kriegen? Und bekomme ich das U-Bahn-Ticket ersetzt? Schließlich musste ich nach Hause fahren und mich umziehen, während Mutti in einem anderen Café auf mich wartete. Ach ja, die U-Bahn-Fahrt war auch nicht lustig, weil mich alle Leute entgeistert anstarrten, sogar ein Hund glotzte mich ganz komisch an ...

Eine Leserin, die selbst den Katastrophenschutz an die Grenze seiner Möglichkeiten führen würde

Sehr geehrte Leserin,
grundsätzlich wäre nicht die Kellnerin, sondern der Betreiber des Cafés Ihr Ansprechpartner gewesen. Außerdem haben alle Unternehmen meistens eine Betriebshaftpflichtversicherung abgeschlossen, an die man Sie vermutlich verweisen würde. Generell haben Sie nur Anspruch auf Schmerzensgeld – in welchem Bereich dieser liegen könnte, ist kaum abschätzbar. Da aber selbst für Unfallschäden mit Halswirbelsäulen-Schleudertrauma, Schürf- und Platzwunden im Gesicht sowie Trümmerbruch der Nase selten Beträge von mehr als 10 000 Euro zuerkannt werden, wird für Ihre Verbrennung allenfalls ein kleines Schmerzensgeld zu erwarten sein. Nachweisbare Schäden (an Kleidung, durch Fahrtkosten) müssten ersetzt werden. Allerdings könnte das Prozesskostenrisiko, sollten Sie verlieren, einige hundert Euro betragen. Dennoch kann es sinnvoll sein, sich hierzu an einen Rechtsanwalt zu wenden. Nur er kann Ihnen rechtsverbindliche Auskünfte geben. Sollte Ihr finanzielles Budget eine anwaltliche Beratung nicht zulassen,

können Sie sich mit Verdienstnachweisen an die Geschäftsstelle Ihres zuständigen Amtsgerichts wenden und sich dort nach staatlicher Beratungs- und Prozesskostenhilfe erkundigen.

Werden Vorstrafen wieder gelöscht so wie beim Punktekonto in Flensburg?

Sehr geehrte Redaktion,
ich hab eine große Dummheit gemacht, einen Ladendiebstahl begangen und musste 364 Euro Strafe bezahlen. Da ich bis dahin keine Vorstrafen und Eintragungen hatte, meine Frage: Wie lange bleibt so etwas stehen? Wie lange bleibt dieses Delikt im Computer erfasst, in meiner Akte? Hat man die Möglichkeit (wie in Flensburg, Punkte, Verkehrsdelikte), dass die Sachen wieder gelöscht werden?

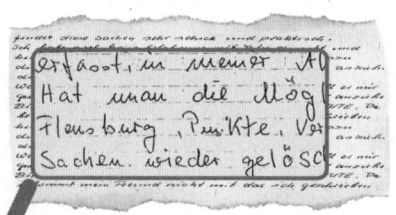

Eine Leserin, für die ein »totaler Datenverlust« eine feine Angelegenheit wäre

Sehr geehrte Leserin,
generell werden im Bundeszentralregister alle Verurteilungen von Erwachsenen eingetragen. Die Löschung der Einträge ist abhängig von der Höhe der Strafe und der Tat. Jeder, der entweder noch nie verurteilt wurde oder dessen Eintragslöschung bereits erfolgt ist, gilt als »unbestraft«.

Einsicht in dieses Register bietet z. B. das » Führungszeugnis«. Allerdings werden bestimmte Sachen dort gar nicht aufgenommen, wie z. B. Verwarnungen mit Strafvorbehalt, »kleine« Strafen bis 90 Tagessätzen oder ein Ladendiebstahl. In solchen Fällen ist das Führungszeugnis also »sauber«, und man darf sich als »nicht vorbestraft« bezeichnen, jedoch nicht als »unbestraft«. Übrigens, wenn zu einer »kleinen« Geldstrafe noch eine zweite kommt, landen beide im Führungszeugnis.

Die Tilgungsfrist beträgt im Normalfall fünf Jahre bei Verurteilungen zu Geldstrafe von nicht mehr als neunzig Tagessätzen, wenn keine Freiheitsstrafe, kein Strafarrest und keine Jugendstrafe im Register eingetragen sind – bzw. bei Verurteilungen zu Freiheitsstrafe oder Strafarrest von nicht mehr als drei Monaten, wenn im Register keine weitere Strafe vermerkt ist. Im längsten Fall erfolgt die Löschung nach zwanzig Jahren.

Kapitel 2

Partnerschaft – lassen Sie uns mal intim werden

Es gibt Dinge, die kann oder mag man weder mit den besten Freunden noch mit dem Partner besprechen – erst recht nicht, wenn es diesen selbst betrifft. Darum ist es kein Wunder, dass gerade in solchen Fragen unser Leserdienst von vielen als Ansprechpartner gewählt wird – manchmal, um eine neutrale Einschätzung der Situation zu erhalten, oft aber auch, um konkrete Tipps und Ratschläge für gelegentlich auch pikante Lebenslagen zu bekommen. Und da kann es schon mal passieren, dass selbst den Psychologen in unserem Team nicht auf Anhieb einfällt, was und wie zu antworten ist. Denn was für den Außenstehenden bisweilen nach Comedy klingen mag, stellt schließlich für den Leser oder die Leserin ein echtes Problem dar. Und das gilt es, ernst zu nehmen und zu lösen. Beurteilen Sie selbst, ob das immer gelingt.

Hat mein Mann ein Verhältnis mit seinem Dackel?

Sehr geehrte Redaktion,
wir haben einen vierzehneinhalbjährigen Dackel. Als dieser vor zwei Jahren eine Magen-Darm-Verstimmung hatte, wollte mein Mann nicht, dass das Tier immer aufs Sofa und wieder runter springt. Also hob er den Hund rauf und runter – wie einen kleinen König. Logisch, dass er jetzt keinen Schritt mehr selbst macht, sondern darauf wartet, dass man ihn trägt.

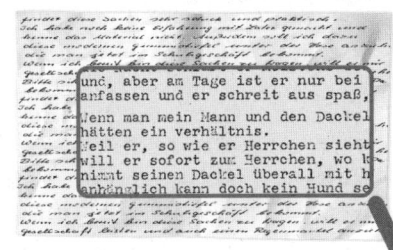

Ebenso abends, wenn es zu Bett geht, lauert der Hund auf sein Herrchen, die Nacht schläft er meistens bei mir am Kopfende oder liegt zwischen uns, aber am Tage ist er nur bei meinem Mann. Will ich meinen Mann mal anfassen und er schreit dann aus Spaß, dann fängt der Dackel sofort an zu beißen.

Wenn man meinen Mann und den Dackel sieht, könnte man denken, die beiden hätten ein Verhältnis. Weil er, sowie er Herrchen sieht und ich ihn mal auf dem Arm habe, sofort zum Herrchen will, wo kann das dran liegen? Gut, mein Mann nimmt seinen Dackel überall mit hin, aber so anhänglich kann doch kein Hund sein! Vielleicht können Sie mir einen Rat geben, um daran etwas ändern zu können, es sieht schon fast affig aus, wie sich die beiden verhalten! Ich verbleibe mit freundlichen Grüßen.

Eine Leserin, deren Ehe buchstäblich
auf den Hund gekommen ist

Sehr geehrte Leserin,
tatsächlich haben Ihr Mann und Ihr Dackel ein Verhältnis. Aber das ist ein zwischen Mensch und Hund völlig normales Verhältnis, nämlich das eines Rudeltieres zu seinem »Leitwolf« – und der ist in diesem Fall Ihr Mann.

Ganz offensichtlich akzeptiert Ihr Dackel nicht mehr Sie, sondern nur noch sein Herrchen als Leittier. Sie dagegen werden von dem Hund als weiteres und ganz normales Rudelmitglied gesehen, gegen das er sich manchmal eben auch durch das Wegbeißen durchsetzen will.

Dieses Verhalten kann dem Dackel zwar abgewöhnt werden, aber dazu ist unbedingt die Mitwirkung Ihres Mannes erforderlich. Er muss mit dem Hund schimpfen, sobald der sich Ihren Anweisungen widersetzt. Auf diese Art und Weise zeigt Ihr Mann dem Tier dann, dass Ihre Befehle für den Hund genauso gelten wie die seines »Leittieres«. Nur so kann es allmählich gelingen, dass der Hund Sie wieder als zweites »Leittier« respektiert und anerkennt.

Wie gewöhne ich meinem Freund das Schreien beim Sex ab?

Werte Redaktion,
bin seit eineinhalb Jahren mit einem Mann zusammen, der

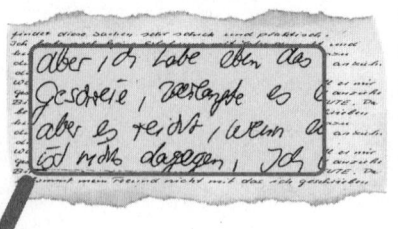

beim Sex so laut schreit, dass es mir peinlich ist und mich auch nervt. Er braucht sehr viel Sex und behauptet, es sei das einzig Schöne, das es noch

kostenlos gibt. Bei mir hat das alles nachgelassen, d. h. ich
würde wenigstens gelegentlich auch mal gern ins Theater
oder Kino gehen bzw. verreisen. Ihn törnt das Grölen an,
mich immer mehr ab, weil ich das unnormal finde. Er
meint, dass die Leute, die ihn hören, gar nicht wissen, was
sie verpassen, und nur neidisch sind. Ich finde diese An-
sicht unmöglich, denn inzwischen komme ich selbst fast
nie mehr zum Höhepunkt – aus Angst vor seinem Gebrüll!
Wie kann ich ihm das Schreien beim Sex abgewöhnen? Er
ist sonst lieb und zärtlich, aber ich habe eben das Problem
mit seinem Geschreie, er verlangte es auch von mir, aber es
reicht, wenn einer brüllt, ein Löwe ist nichts dagegen. Ich
bin eher ein stiller Genießer und bleibe es auch. Über eine
Antwort würde ich mich sehr freuen. Mit freundlichen
Grüßen

Eine 54-jährige Leserin,
die unter starkem »Verkehrslärm« leidet

Sehr geehrte Leserin,
wir raten Ihnen, in einem entspannten Moment, also
nicht beim Sex oder unmittelbar davor bzw. danach, mit
Ihrem Freund über Ihr Problem zu sprechen und ihm zu
verdeutlichen, wie sehr Sie sein Verhalten belastet. Es
kann nicht angehen, dass in einer Partnerschaft einer
macht, was er will, ohne auf den anderen Rücksicht zu
nehmen. Eine Beziehung lebt schließlich vom Geben und
Nehmen. Ihr Freund sollte auch Ihre Wünsche berücksichtigen, mit Ihnen ins Kino gehen oder verreisen. Ansonsten bleibt es eine sehr einseitige Angelegenheit, bei
der Sie zu kurz kommen.

So ein Gespräch zu führen ist nicht immer ganz einfach.

Sie sollten jedoch in diesem Gespräch möglichst alle Vorwürfe wie »… du machst immer …« oder »… du machst nie …« vermeiden. Denn das zwingt ihn höchstens in eine Verteidigungshaltung, die eher zu Streit als zu einer Problemlösung führt.

Respektiert Ihr Freund Ihre Wünsche nicht, müssen Sie sich entscheiden, ob es Ihnen wichtiger ist, einen Partner zu haben, egal wie er ist – oder Ihre eigenen Bedürfnisse in vollem Umfang befriedigt zu sehen. Wir hoffen, Ihnen mit dieser Antwort geholfen und einige Anregungen gegeben zu haben.

Wieso hat sich meine Frau sofort einen neuen Kerl angelacht?

Hallo Redaktion,
weil es bei uns kriselte, hatten meine Frau und ich vereinbart, ein Jahr Auszeit von unserer Ehe zu nehmen. Mir passt das ganz gut. So habe ich mehr Zeit zum Angeln und für meine anderen Hobbys. Meine Frau dagegen hat sich gleich einen neuen Kerl angelacht! Was ist denn das für ein dämliches Timing? So war das nicht abgemacht, wir sind ja gar nicht getrennt! Der Hallodri übernachtet am Wochenende meist bei uns, oder meine Frau geht zu ihm. Muss ich mir das eigentlich alles gefallen lassen? Und kann ich darauf pochen, dass sie während unserer offiziellen Auszeit keine Faxen mehr macht?

Ein Leser, der durch eine Auszeit
ins Abseits geraten ist

Sehr geehrter Leser,

generell müssten Sie natürlich keineswegs akzeptieren, dass der Freund Ihrer Frau mit ihr die Wochenenden in Ihrer Wohnung verbringt. Das könnten Sie ihm unter Ausnutzung Ihres Hausrechts verbieten – auch dann, wenn Ihre Frau es ihm erlaubt. Ihrer Frau können Sie jedoch nicht verbieten, dass sie sich bei ihrem Freund aufhält. Bestenfalls könnten Sie darauf reagieren, indem Sie sich an einen Anwalt wenden und nun tatsächlich die Scheidung einreichen.

Allerdings sollten Sie einmal die Situation überdenken und sich dabei auch in die Rolle Ihrer Frau versetzen. Sie schreiben, dass Sie die Auszeit von der Ehe für Ihre Hobbys wie z.B. das Angeln nutzen wollten und sich darauf auch gefreut haben. Aber eine Ehe sollte ja im Idealfall so sein, dass beide Partner ihre Wünsche und Vorstellungen erfüllt sehen. Und ganz offensichtlich haben Sie Ihre Frau da über die Hinwendung zu Ihren Hobbys ein wenig vernachlässigt. Ist es da ein Wunder, wenn sie sich nun bei einem anderen holt, was sie von Ihnen nicht bekommt?

Ob es für Ihre Ehe noch eine Zukunft gibt, können wir zwar von hier aus nicht beurteilen. Aber wenn Ihnen daran liegt, sollten Sie einmal Ihr eigenes Verhalten überdenken und ein offenes Gespräch mit Ihrer Frau suchen. Wenn es Ihnen gelingt, auch Ihre Frau als eines Ihrer Hobbys zu sehen und ihr Zeit und Zuneigung zu widmen, erledigt sich das Problem mit dem anderen Mann vielleicht fast von selbst – ohne Anwalt und Scheidung.

Sex-Diät – verbraucht man beim Orgasmus wirklich 253 Kalorien?

Hallo Redaktion,
soll ich es mal mit einer Sex-Diät probieren? Eine Freundin
hat mir erzählt, dass man schon allein bei einem Orgasmus
ca. 253 Kalorien verbraucht! Ist das richtig?

Eine Leserin, die die Methode
»schlank durch (Bei-)Schlaf« überprüft haben möchte

Sehr geehrte Leserin,
ob es wirklich sinnvoll ist, nur aus Gründen der Ge-
wichtsabnahme Sex oder mehr Sex zu haben, daran haben
auch unsere medizinischen Mitarbeiter so einige Zweifel.
Denn sie halten es für wenig wahrscheinlich, dass in
dem kurzen Moment des Orgasmus tatsächlich die von
Ihnen geschilderte Kalorienmenge verbraucht werden
kann.

Zwar gibt es keine medizinisch gesicherten Werte für den
Kalorienverbrauch beim Orgasmus, aber wissenschaftlich
belegt ist, dass ein etwa 80 Kilo schwerer Mensch bei einer
halben Stunde Krafttraining zwischen 250 und 300 Kalorien verbrennt.

Leidenschaftlicher Sex könnte also durchaus einen ähnlich hohen Energieverbrauch bewirken. Aber dann müsste
das Liebesspiel schon eine halbe Stunde dauern. Doch
wenn der Geschlechtsverkehr nur als Mittel zum Zweck
des Abnehmens gesehen wird, dürfte die Leidenschaft
kaum zum Tragen kommen und wohl auch eine halbe
Stunde wildes Liebesspiel eher unrealistisch sein.

Bei gutem Sex werden tatsächlich viele Kalorien verbrannt, je mehr, desto länger das Liebesspiel dauert. Guten Sex aber werden Sie vermutlich kaum haben, wenn Sie dabei nur ans Abnehmen denken.

Was will mein Freund mit Regenmänteln aus dem Erotik-Shop?

Liebe Redaktion,
ich habe ein Problem mit meinem Freund. Er möchte, dass ich mit ihm in einen Erotik-Shop gehe. Dort will er mir eine wasserdichte lange Hose und einen Regenmantel aus Latex kaufen, den ich bei Regen auf der Straße und auf dem Weg zur Firma tragen soll. Er findet diese Sachen schick und praktisch. Außerdem soll ich dazu Gummistiefel anziehen. Wenn ich bereit bin, die Sachen zu tragen, will er mir Gesellschaft leisten und auch einen Regenmantel anziehen. Ich finde das alles etwas rätselhaft, wissen Sie, was dahintersteckt?

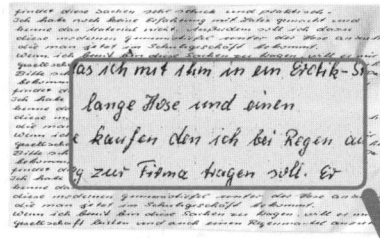

Eine Leserin, die sich fragt, ob sie in ihrer Beziehung womöglich vom Regen in die Traufe kommt

Sehr geehrte Leserin,
auf den ersten Blick ist die Bitte Ihres Freundes tatsächlich etwas merkwürdig. Unsere Experten denken aber, dass die Lösung des Rätsels relativ einfach ist. Vermutlich hat Ihr

Freund eine erotische Vorliebe für Sachen aus Gummi und Latex. Und diese Neigung möchte er jetzt gemeinsam mit Ihnen ausleben. Sexualwissenschaftler nennen das »Gummifetischismus«. »Fetischismus« bedeutet, dass ein unbelebtes Objekt dazu dient, sexuelle Erregung hervorzurufen und/oder zu steigern. Theoretisch kann jeder Gegenstand zu so einem »Fetisch« werden. Beliebt sind aber vor allem Kleidungsstücke (Reizwäsche, Schuhe usw.) und bestimmte Materialien wie z. B. Leder, Seide oder eben Gummi bzw. Latex. Die anregende Wirkung von Latex-Mode beruht auf diversen Reizen, das kann z. B. die glänzende Optik sein oder das enge Anliegen am Körper, der Geruch oder sogar die quietschenden Geräusche, die das Material verursacht.

Wird ein Fetisch in das erotische Liebesspiel eines Paares einbezogen, steht also der Partner immer im Mittelpunkt, so gilt das als normale sexuelle Variante, die nicht abartig oder therapiebedürftig ist. Zumal Ihr Partner Sie ja ausdrücklich in seine erotischen Phantasien einbeziehen möchte, indem er mit Ihnen gemeinsam Latex-Kleidungsstücke aussuchen, anprobieren und tragen will. Da das bei Regen geschehen soll, ist es ihm offensichtlich auch wichtig, dass Sie beide in der Öffentlichkeit nicht sofort seltsam auffallen.

Also spricht nichts dagegen, dass Sie – sofern Sie grundsätzlich bereit dazu sind – einmal austesten, ob Sie ebenfalls an Latex-Kleidung Gefallen finden.

Zappt mein Mann wahllos durchs TV-Programm, weil ich ihm zu langweilig bin?

Sehr geehrte Damen und Herren,
mein Mann hat eine Macke entwickelt, die unsere Ehe bald echt in Gefahr bringt. Wenn er von der Arbeit nach Hause kommt, guckt er gern Fernsehen. Das ist ja nichts Schlimmes. Aber er konzentriert sich dabei überhaupt nicht auf eine Sendung. Er zappt sich stattdessen wie ein Wahnsinniger durch alle Programme, rauf und dann wieder runter. Auf jedem Kanal bleibt er höchstens ein paar Sekunden hängen. Mich macht dieses hektische Umschalten ganz wirr im Kopf, so bekommt man doch gar nichts mit. Mein Mann behauptet aber, dass ihn das entspannt. Wie kann denn so was entspannen? Ich fürchte, dass was ganz anderes dahintersteckt: Bin ich ihm vielleicht zu langweilig? Oder will er mich eigentlich am liebsten auch »wegzappen«, wenn das ginge? Er bestreitet das und lacht mich aus, weil ich auf so komische Ideen komme. Ich weiß nicht mehr, was ich glauben soll, darum wende ich mich an Sie.

Eine Leserin, die am liebsten mal
komplett abschalten würde

Sehr geehrte Leserin,
wir können sehr gut nachvollziehen, dass es Sie nervös macht, wenn Ihr Mann jeden Abend wie besessen durchs Fernsehprogramm zappt. Aber Sorgen um Ihre Ehe müssen Sie sich nicht machen – Ihr Mann kann nämlich gar nicht anders! Biologisch gesehen, ist kein leidenschaftlicher »Zapper« dafür verantwortlich, dass er dauernd umschalten »muss«. Dafür gibt es eine wissenschaftliche Erklärung:

Neurologen haben herausgefunden, dass diese Reizüberflutung speziell auf das männliche Gehirn beruhigend und quasi als Anti-Stress-Programm wirkt. Ihr Mann sagt Ihnen also nichts als die reine Wahrheit, wenn er meint, er würde sich beim schnellen Umschalt-»Feuer« entspannen. Ihre Ehe ist deswegen ganz sicher nicht gefährdet – es sei denn, Sie nehmen ihm die Fernbedienung weg. Aber es gibt ja sicherlich auch noch andere Möglichkeiten, ihn von der Fernbedienung und dem TV-Gerät abzulenken. Besinnen Sie sich doch einfach mal auf die »Waffen der Frau« und setzen Sie diese geschickt ein. Dies wäre sicherlich der eleganteste Weg, Ihrem Mann die Lust am Zappen zu nehmen und ihn auf ganz andere Lustgedanken zu bringen.

Kapitel 3

Familienbande – das kann man oft wörtlich nehmen

Ein kluger Mensch hat vor langer Zeit einmal festgestellt, dass man sich seine Familie nicht aussuchen kann. Und bei vielen Leserbriefen haben wir den Eindruck, dass so manch einer lieber heute als morgen seine Familie gegen eine andere eintauschen würde. Denn vor allem, wenn es ums Geld geht, zählt für einige statt der Verwandtschaft nur noch der schnöde Mammon. Da werden wir z.B. um Tipps gebeten, wie der eine den anderen um seinen Erbteil bringen kann, oder aber nach dem idealen Zeitpunkt gefragt, eine Ehe zu beenden, aber ohne dabei die Ansprüche auf Unterhalt oder sogar Witwenrente zu verlieren. Und für uns bleibt dann gelegentlich nur die Erkenntnis, dass, wer solche Familienmitglieder hat, eigentlich keine Feinde mehr braucht ...

Kann ich als Zwilling für Straftaten nicht belangt werden?

Sehr geehrte Redaktion,
neulich haben mein Bruder und ich in einem Krimi gese-
hen, wie eineiige Zwillingsschwestern gemeinsam einen
Mord begingen. Die Polizei hatte sogar DNA-Spuren von
denen gesichert, aber da das Erbgut von den Frauen wohl
hundertprozentig gleich war, konnte man weder der einen
noch der anderen was nachweisen. Weil beide vor Gericht
aussagten, sie wären es nicht gewesen, wurden sie am Ende
freigesprochen. Mein Bruder und ich sind auch eineiige
Zwillinge, und es würde uns interessieren, ob wir auch
dieses identische Erbgut, diese DNA, haben. Keine Sorge,
wir planen natürlich keinen Mord! Aber es wäre hilfreich
zu erfahren, ob wir – nur mal rein theoretisch – exakt glei-
che Spuren z.B. auf Türschlössern, Fensterrahmen oder
Fensterbänken hinterlassen würden.

Ein Leser, der sich offenbar gern öfter
»diebisch« freuen würde

Sehr geehrter Leser,
tatsächlich weist das DNA-Profil bei eineiigen Zwillingen
eine absolute Übereinstimmung auf. Der Grund dafür ist,
dass sich die mit dem Samen des Vaters befruchtete Eizelle
in der Anfangsphase teilt und sich daraus zwei Embryonen
entwickeln. Sie haben identisches Erbgut.

Bei zweieiigen Zwillingen hingegen werden zwei heran-
gereifte Eizellen der Mutter von zwei verschiedenen väter-
lichen Spermien befruchtet. Deshalb weisen zwar auch die
DNA-Profile von zweieiigen Zwillingen viele Übereinstim-

mungen auf – allerdings nicht mehr, als dies bei jedem anderen Geschwisterpaar mit den gleichen Eltern der Fall ist.

Tatsächlich hätten Polizei oder Staatsanwaltschaft also ein Problem, Ihnen und Ihrem Bruder allein anhand eines DNA-Profils eine Täterschaft klar zuzuordnen. Und nach der Regel »im Zweifel für den Angeklagten« könnte dies wirklich dazu führen, dass keiner von beiden für eine Straftat verurteilt werden kann. In den meisten Fällen aber stützen sich Ermittlungen und Anklagen nicht nur auf das DNA-Profil. Und deshalb sollte sich lieber keiner darauf

verlassen, durch eineiige Zwillingsgeschwister das perfekte Verbrechen begehen zu können.

Muss ich meinem Sohn bei seinen finanziellen Mauscheleien helfen?

Grüß Gott!
Mein Sohn will durch einen Mittelsmann in der Schweiz ca. 1 Million Euro aufnehmen und gleich wieder bei einer anderen Bank in der Schweiz gewinnbringend an-
legen. Nach Aussage des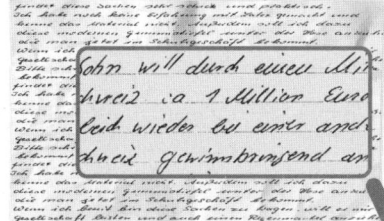
Mittelsmannes eine le-
gale Angelegenheit. Mein
Sohn hat ein Haus, das
stark belastet ist. Darum
verlangt er, dass ich mich
an diesem Geschäft be-
teilige. Das wäre möglich, denn ich besitze einen gutgehen-
den kleinen Betrieb. Mir ist das aber gar nicht recht!
Muss ich meinem Sohn wirklich bei seinen finanziellen Mauscheleien helfen?

Eine Leserin,
deren Filius eventuell den Pfad
der Tugend verlassen hat

Sehr geehrte Leserin,
grundsätzlich möchten wir, auch wenn wir Details des Geschäfts nicht kennen, dringend davon abraten und Sie bitten, auch entsprechend auf Ihren Sohn einzuwirken.

Denn generell verleiht jede Bank nur Geld zu einem bedeutend höheren Zinssatz, als dasselbe Geld bei der Anlage bringt.

Wäre es anders, so könnte die eine Bank das »tolle Geschäft« mit der anderen ja auch direkt machen – ohne den Umweg über Ihren Sohn. Hier scheint nach unserem Dafürhalten doch einiges faul zu sein. Wenn überhaupt hohe Zinsen, also höhere als für Kredite, erwirtschaftet werden können, dann wird dies mit einem Risiko verbunden sein, für das der höhere Zins dann als Risikoprämie anzusehen ist. Ob sich Ihr Sohn dieses Risikos bewusst ist, bezweifeln wir. Es ist auch nicht auszuschließen, dass hier ein betrügerisches Geschäft geplant ist. Wir empfehlen Ihnen in jedem Fall, sich daran nicht zu beteiligen.

Darf sich mein Exmann vom Unterhalt für unseren Sohn »freikaufen«?

Sehr geehrte Redaktion,
mein Sohn (25) stammt aus einer früheren Ehe. Er hat Maschinenbau an der Berufsakademie studiert und nebenher gejobbt. Sein Vater hat ihm vor zwei Jahren den gesamten restlichen Unterhaltsbeitrag bis zum voraussichtlichen Ende des Studiums in einer Summe ausbezahlt und ihn eine Erklärung unterschreiben lassen. Diese besagte, dass damit alle Unterhaltsansprüche abgegolten sind und keine weite-

ren finanziellen Forderungen an ihn gestellt werden. Nun hat mein Sohn im Anschluss an das Studium einen Master-Studiengang begonnen, der drei Semester dauert. Hierfür gibt es kein BAföG. Bisher unterstütze ich ihn, aber da sein Vater viel mehr als ich verdient, frage ich mich, inwieweit die Verzichtserklärung von damals eigentlich bindend ist? Darf sich mein Ex tatsächlich auf diese Weise vom Unterhalt »freikaufen«?

Eine Leserin
mit einem außergewöhnlich
bildungshungrigen Sohn

Sehr geehrte Leserin,
zunächst stellt sich die Frage, ob der neue Studiengang Ihres Sohnes auf dem bisherigen Studium aufbaut – also eine logische Fortsetzung des Studienweges ist oder ein neues Berufsziel ansteuert. Wäre dies der Fall, dann müsste gar kein Unterhalt mehr gezahlt werden. Denn der neue Berufsweg wäre die persönliche Entscheidung Ihres Sohnes und von diesem allein zu finanzieren.

Weiter stellt sich die Frage, warum Ihr damals bereits 23 Jahre alter Sohn sich seinen Unterhalt auszahlen ließ. Schließlich wusste er ja, dass er nach zwei Jahren noch nicht mit seiner Ausbildung fertig sein würde. Hier erhärtet sich der Eindruck, dass dieser Ausbildungsweg zumindest zu der Zeit noch nicht geplant war, was die Unterhaltspflicht infrage stellt. Zumal der Sohn nicht erst alle Vorteile einer Auszahlung (das Geld hätte er ja auch bei Ausbildungsabbruch behalten können) in Anspruch nehmen kann, um später aber bei erkennbaren Nachteilen die Vereinbarung für unwirksam zu erklären.

Wenn man einen Vertrag schließt, muss man sich eben vorher über die Folgen im Klaren sein. Mit 23 Jahren und als Student ist man ja durchaus in der Lage, über den Tag hinaus zu denken. Nach unserer Einschätzung könnte es deshalb für Ihren Sohn problematisch werden, wollte er die Vereinbarung nun für unwirksam erklären lassen und den Unterhalt einklagen.

Rechtverbindlich kann der Anspruch Ihres Sohnes aber nur bei genauer Prüfung aller Vermögensverhältnisse, des bisherigen Ausbildungsweges und der getroffenen Vereinbarung beurteilt werden – wozu wir nicht befugt und auch nicht in der Lage sind. Dies sollte ein Anwalt vornehmen. Allerdings können Sie damit auch warten, bis Ihr Sohn Sie auf Unterhaltszahlung verklagt – oder angesichts des eigenen Verhaltens beginnt, mit 25 Jahren eigenverantwortlich zu handeln und sich die restliche Ausbildung selbst zu finanzieren.

Wir sind zwei Jahre verheiratet. Reicht das, um seine Rente zu kriegen?

Liebe Redaktion,
weil ich selbst so wenig Rente kriege, habe ich meinen Freund geheiratet. Aber nach zwei Jahren reicht es mir mit ihm! Kann ich mich jetzt endlich scheiden lassen und die Hälfte seiner Rente beanspruchen?

Eine Leserin, die ihren Mann nicht mehr erträgt, nur noch seine Erträge …

Sehr geehrte Leserin,
bei einer Scheidung gilt im Normalfall, dass Unterhaltsansprüche nicht entstehen, wenn die Partner weniger als drei Jahre miteinander verheiratet waren. Auch fällt der normalerweise für die Teilung von Rentenansprüchen heranzuziehende Versorgungsausgleich quasi weg, weil die wesentlichen Rentenansprüche vor der Ehe erworben wurden. Bei der Scheidung zweier Rentner, die erst zwei Jahre verheiratet sind, wird also weder die Gesamt-Rentensumme beider geteilt, noch bekommt jeder die Hälfte. Vermutlich wird sogar der Anwalt des durch seine Rente besser gestellten Partners alle Ansprüche des anderen abweisen lassen mit der Begründung, die Ehe könne nur wegen der Verbesserung der Versorgungssituation eingegangen worden sein.

Wir raten deshalb dringend, sich wegen der Beurteilung Ihrer Situation direkt mit einem Anwalt in Verbindung zu setzen und keine übereilten Entscheidungen zu treffen.

Wie kann ich meine Tochter bei der Erbschaft austricksen?

Hallo und guten Tag!
Bitte, ich habe ein Problem: bin 71 Jahre alt und krank (Pflegestufe II), möchte gerne, dass mein Enkel (28 Jahre alt) mein Haus erbt. Nun meine Frage: Gibt es eine Möglichkeit, dass er es jetzt schon erhält? Z.B. durch Schenkung, Kauf auf Rentenbasis o.ä.? Allerdings fehlt ihm das Geld dazu. Nun gut, könnte man das nicht arrangieren, durch einen Scheinkauf oder Ähnliches? Welche Mög-

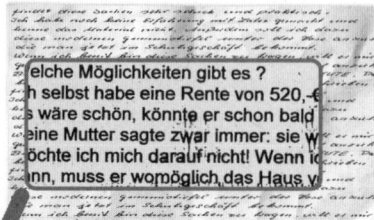

lichkeiten gibt es? Ich selbst habe eine Rente von 520 € und bin Rollstuhlfahrerin. Es wäre schön, könnte er schon bald zu mir ziehen. Seine Mutter sagte zwar immer, sie wollte nichts erben, aber verlassen möchte ich mich darauf nicht! Wenn ich es nicht vor meinem Tode klären kann, muss er womöglich das Haus verkaufen, um dieser gierigen, undankbaren Person den Pflichtteil auszuzahlen. Meine Tochter soll leer ausgehen! Das sind Sorgen, die mich stark beschäftigen, darum bitte ich Sie herzlich, mir zu helfen!

Eine Leserin, die im reifen Alter noch die Kunst der Täuschung erlernen möchte

Sehr geehrte Leserin,
leider bitten Sie uns in Ihrem Schreiben recht unverhohlen darum, Ihnen nicht ganz legale Vorschläge (»Scheinkauf«) zu machen, wie Sie einerseits Ihr Haus dem Enkel zukommen lassen können, er andererseits aber nicht für Ihre Pflege zahlen soll und Sie den Wert dieses Hauses dafür nicht einsetzen müssen. Bitte haben Sie Verständnis dafür, dass wir schon wegen der ebenfalls strafbaren Beihilfe zu strafbaren Handlungen solche Ratschläge nicht erteilen können.

Eine legale Möglichkeit wäre jedoch, dem Enkel das Haus auf Leibrente zu übereignen, die zwar niedrig sein kann, aber halbwegs angemessen sein sollte. Dabei fällt nicht ins Gewicht, dass er kein Geld für einen Kauf hat, denn er zahlt ja ohne Kreditaufnahme monatlich an Sie. Ebenso, wie er jetzt monatlich seine Miete zu zahlen hat. Über die Vertragsgestaltung und einen angemessenen Leibrentenbetrag sollten Sie sich von einem Notar beraten lassen, der für die entsprechenden Verträge ohnehin benötigt wird und in dessen Beurkundungshonorar auch die Beratung enthalten ist.

Vom Notar sollten Sie sich dann aber auch zum Pflichtteilsanspruch Ihrer Tochter beraten lassen. Steht die Tochter tatsächlich zu ihrem Wort, nichts erben zu wollen, wäre sie sicherlich auch zu einem Erbverzichtsvertrag bereit, der dann ebenfalls vor dem Notar geschlossen werden könnte. In diesem Fall hätten Sie absolute Sicherheit, dass die von Ihnen gewünschten Regelungen legal und rechtssicher getroffen werden.

Gehe ich straffrei aus, wenn ich betrunken das Auto meiner Exfrau zerkratze?

Sehr geehrte Redaktion,
meine Exfrau ist schuld, dass mein Leben den Bach runtergeht. Wegen einer unwichtigen Affäre meinerseits hat sie sich scheiden lassen, statt um mich zu kämpfen. Und obwohl ich die Trennung gar nicht wollte, darf ich nun ihr neues Prinzessinnen-Dasein mitfinanzieren. Ich dagegen nage am Hungertuch. Außerdem konnte ich in letzter Zeit beobachten, dass sich meine Ex mit wechselnden Männerbekanntschaften amüsiert. So schnell ist man als Ehemann vergessen! Seit ich nicht mehr mit großen Scheinen um mich werfe, will auch keine andere Frau etwas von mir

wissen. Den ganzen Mist habe ich nur meiner blöden Exfrau zu verdanken. Darum würde ich ihr gern einen Denkzettel verpassen, z.B. eine Ladung Müll in den Garten kippen, eine Scheibe einwerfen oder ihr Auto zerkratzen – ich überlege noch, was das Beste wäre. Weil wir Männer aber für alles auf der Welt die Schuld kriegen, fürchte ich, dass die Polizei mir sofort was anhängen würde. Was wäre nun aber, wenn ich mich vor meinem kleinen Rachefeldzug mal so richtig volllaufen lasse? Zum Beispiel aus grenzenlosem Kummer über meine Scheidung, die ich nicht verwinden kann (Vorsicht Ironie!). Besoffen bin ich doch so gut wie schuldunfähig, und man könnte mich nicht bestrafen. Ist das so korrekt? Für eine Rechtsauskunft wäre ich Ihnen dankbar. Bitte veröffentlichen Sie meinen Brief nicht, sondern schreiben mir nach Hause.

Ein trinkfreudiger Leser,
der nach unserer unmissverständlichen Antwort
deutlich ernüchtert sein dürfte

Sehr geehrter Leser,
Sie stellen uns eine Frage, die darauf hinausläuft, dass Sie eine Straftat begehen wollen, ohne dafür zur Verantwortung gezogen zu werden. Wir bitten Sie um Verständnis, dass wir eine derartige Beihilfe weder leisten wollen noch können. Darüber hinaus machen wir uns sowieso mit jeder Rechtsberatung im Einzelfall selbst strafbar!

Wir möchten Ihnen aber dringend empfehlen, Ihre Rachepläne nicht weiterzuverfolgen – und zwar zuallererst in Ihrem eigenen Interesse! Denn so einfach, wie Sie es sich wünschen, macht es Ihnen der Gesetzgeber nicht! So kann zwar bei erheblichem Alkoholkonsum eine Schuld-unfähigkeit gelten. Die kommt aber erst ab einem Blut-alkoholwert von drei Promille in Betracht. Für Taten in diesem Vollrausch-Zustand wird man in der Regel nicht bestraft. Ab zwei Promille besteht eine teilweise Schuld-unfähigkeit. Ob und in welchem Rahmen die vorliegt, muss jedoch oft erst durch ein Gutachten geklärt wer-den. Denn auch die Begleitumstände spielen bei der Ver-urteilung eine Rolle. Wer sich nämlich vorsätzlich oder fahrlässig betrinkt und dann eine Straftat begeht, kann sehr wohl bestraft werden. Und zwar droht ihm dann eine Strafe für den Vollrausch, den er sich absichtlich zugefügt hat.

Wir können Ihnen also nicht empfehlen, sich auf der-artig fragwürdige Weise mit Ihrer Exfrau auseinanderzu-setzen. Ein sachliches und klärendes Gespräch in Anwe-senheit eines neutralen Zeugen könnte Ihnen wesentlich mehr bringen und hoffentlich dazu führen, dass sich der Groll auf Ihre Exfrau allmählich legt. Denn immerhin sind Sie ja, wie Sie selbst einräumen, nicht ganz unschuldig an der Trennung. Wenn Sie nach und nach bereit sind, Ihren eigenen Anteil daran zu erkennen, sollte es Ihnen gelingen, sich mit der Vergangenheit auszusöhnen und wieder opti-mistisch in die Zukunft zu blicken.

Meine Mutter hat mir eine Lebensversicherung geschenkt. Wieso soll ich die Beiträge dafür zahlen?

Sehr geehrte Redaktion,
meine Mutter hat mir eine Kapital-Lebensversicherung ge-schenkt. Die Beiträge hat sie bis zum Ende letzten Jahres

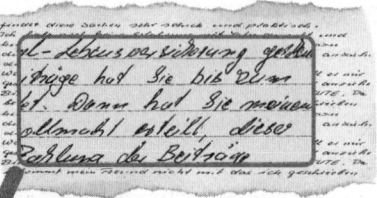

entrichtet. Dann hat sie meinem Sohn eine Bankvollmacht erteilt, dieser hat dann dreist die Zahlung der Beiträge gestrichen. *Muss ich mich damit abfinden, dass ich jetzt selbst für die Beiträge aufkommen soll? Ich finde, das ist die Pflicht meiner Mutter!*

Eine Leserin, die außer diesem Brief keinen eigenen Beitrag leisten mag

Sehr geehrte Leserin,
grundsätzlich ist zu prüfen, ob Sie aufgrund vertraglicher Vereinbarungen einen Rechtsanspruch auf die Zahlung der Beiträge zu der Lebensversicherung durch Ihre Mutter haben. Dies allerdings geht aus Ihrem Brief nicht hervor.

Generell gilt bei Schenkungen, dass diese entweder durch eine notarielle Urkunde vereinbart oder vorgenommen werden müssen (durch Übergabe), um rechtswirksam zu werden. Folglich kann also die Schenkung der Versicherung durchaus rechtswirksam sein. Bei den für die Zukunft fälligen Beiträgen aber kann es ganz anders sein, wenn sich die Mutter nicht rechtlich bindend dazu verpflichtet hat. Ein Gewohnheitsrecht auf Zahlung der Beiträge durch Ihre Mutter werden Sie kaum durchsetzen können. Diese Einschätzung ist aber juristisch unverbindlich. Deshalb sollten Sie einen Anwalt oder Notar um eine rechtssichere Beurteilung bitten.

Kann mein Ex den Unterhalt kürzen,
wenn ich ihm die Kinder länger aufs Auge drücke?

Hallo Redaktion,
mein Exmann holt unsere Kinder nur alle 14 Tage übers
Wochenende zu sich, ansonsten sind sie bei mir und rauben
mir manchmal den letzten Nerv. Um etwas mehr Ruhe für
mich zu haben, würde ich sie gern ab und zu auch mal
etwas länger bei meinem Ex lassen. Doch außerhalb der
Pflichtzeiten nimmt er die
Kinder nicht. Auch nie in
den Ferien. Dabei bin ich
inzwischen selbst total
urlaubsreif! Ist das so in
Ordnung, oder kann ich
von ihm verlangen, die Kinder z. B. auch mal 3 Wochen (in
den großen Ferien) zu sich zu nehmen, ohne dass er mir
sofort den Unterhalt kürzt?

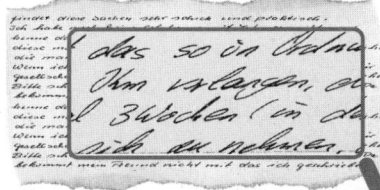

Eine gestresste Leserin mit »Nachwuchssorgen«
der besonderen Art

Sehr geehrte Leserin,
grundsätzlich besteht wenig Aussicht darauf, den Vater zu
einem Umgang oder zu Urlauben mit den Kindern zu ver-
pflichten – diesen Schluss lassen auch alle dazu ergangenen
Gerichtsurteile zu. Denn die Gerichte sehen so eine
Zwangssituation als wenig hilfreich für alle Beteiligten an.
Und wenn es so wäre, könnte der Vater unter Umständen
den Unterhalt für die entsprechende Zeit in dem Maße kürzen, in dem der Mutter Aufwendungen (z. B. für Essen) erspart werden. Denn in dieser Zeit verpflegt ja der Vater die

Kinder. Anders ist es für die Zeit des normal vereinbarten Umgangs mit den Kindern. Halten die sich also an einigen Tagen pro Monat beim Vater auf, rechtfertigt dies keine anteilige Unterhaltskürzung.

Wir möchten Ihnen empfehlen, eine einvernehmliche Lösung im Gespräch mit dem Vater zu suchen – andere Wege stehen Ihnen kaum offen. Überlegen Sie aber bitte auch, ob angesichts Ihrer »Urlaubsreife« nicht eventuell eine Mutter-Kind-Kur sinnvoll sein könnte, und sprechen Sie bitte einmal Ihren Hausarzt auf diese Möglichkeit an.

Warum haben wir keinen Anspruch auf die Rente unserer Eltern?

Sehr geehrte Redaktion,
wenn jemand stirbt, bekommt der Hinterbliebene ja die Rente vom anderen weiter. Also wäre es doch logisch, dass – wenn beide Elternteile tot sind – die Kinder als rechtmäßige Erben auch Anspruch auf die Rente haben! Uns wurde jetzt aber von der Rentenversicherungsanstalt mitgeteilt, wir könnten mit keinerlei Zahlungen rechnen. Das hat uns schwer erschüttert. Warum gibt es in Deutschland so eine Ungerechtigkeit?

Ein Geschwisterpaar,
das die Welt nicht mehr versteht

Sehr geehrte Leser,
richtig ist, dass der Ehegatte eines Verstorbenen nach deutschem Recht Anspruch auf eine Hinterbliebenenrente

hat. Diese beträgt bis zu 60 Prozent dessen, was der Verstorbene von der gesetzlichen Rentenversicherung als monatliche Rente überwiesen bekam. In den ersten drei Monaten wird dem Hinterbliebenen sogar die volle Rente des Verstorbenen als Witwen- bzw. Witwerrente ausgezahlt.

Andere Angehörige aber haben laut Gesetz keinen Anspruch auf die Hinterbliebenenrente. Für Kinder des Verstorbenen kann es lediglich dann als Hinterbliebenenversorgung eine Waisen- oder Halbwaisenrente geben, wenn sie noch minderjährig sind bzw. sich in der Ausbildung befinden. In diesen Fällen tritt also die gesetzliche Rentenversicherung für die Unterhaltspflicht des Verstorbenen ein.

Wollte die gesetzliche Rentenversicherung aber die Rente auf Dauer weiter an die Kinder als Erben zahlen, würde dies das ohnehin schon aus den Fugen geratene System der Sozialrente auf den Kopf stellen. Denn dieses sieht vor, dass immer die nachfolgenden Generationen durch ihre Beiträge an die Rentenkasse die Altersvorsorge der vorherigen Generation finanzieren. Hätten Sie nun als Erben Anspruch auf die Rente der Eltern, bekämen Sie diese Rente praktisch aus Ihren eigenen Beiträgen gezahlt. Aus demselben Topf, der nur mit Ihren Beiträgen und Steuergeldern gefüllt wird, müsste plötzlich die doppelte Anzahl Renten bezahlt werden. Und mit Beginn Ihres Ruhestandes bekämen Sie zwei Renten. Setzt man diesen Gedanken fort, hätten Ihre Kinder später Anspruch auf drei Renten, Ihre Enkel auf vier.

Das wäre, zugegeben, eine wunderbare Situation. Aber wie bei so vielen Wundern stellt sich die Frage, wer das bezahlen soll.

Unser Sohn ist arbeitslos und faul.
Müssen wir ihn noch durchfüttern?

Sehr geehrte Redaktion,
unser Sohn (23) ist arbeitslos und bekommt vom Arbeits-
amt keine Bezüge. Auch beim Sozialamt sagte man uns,
dass er keinen Anspruch auf Hilfe hat, weil mein Mann
und ich zu viel verdienen. Mein Sohn hat aber reichlich
eigene Ausgaben wie In-
ternet, Handy usw. Ist es
wirklich rechtens, dass
wir den faulen Kerl
durchfüttern und für sei-
ne Rechnungen gerade-
stehen müssen? Außer-
dem ist mein Sohn ab dem nächsten Ersten nicht mehr
krankenversichert. Müssen wir das auch bezahlen? Kann
man die Kosten steuerlich absetzen? Wir würden unse-
ren Sohn gern rauswerfen, weil er keine Anzeichen dafür
zeigt, sich Arbeit zu suchen. Jetzt sagte man uns, dass
wir dann auch noch die Wohnung finanzieren müssten, bis
er 25 ist. Das kann doch alles nicht wahr sein, oder etwa
doch?

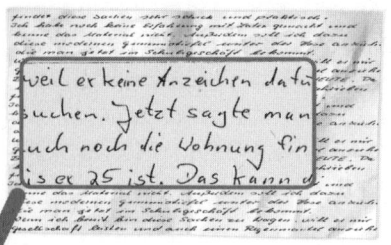

Eine Leserin, deren Sprössling
nicht mehr »lieb und teuer«,
sondern nur noch kostspielig ist

Sehr geehrte Leserin,
generell sind die Ihnen erteilten Auskünfte richtig. Sie gelten mit Ihrem Mann und Sohn als Bedarfsgemeinschaft,
und bei den genannten Einkommen hat der Sohn weder

Anspruch auf ALG II noch auf Krankenversicherung – Sie müssen ihn also unterhalten. Zugleich schreiben Sie, dass der Sohn Geld für Internet oder Handy benötigt. Aber da stellt sich doch die Frage, warum Ihr Sohn sich dies nicht selbst verdient. Zu Recht ärgern Sie sich darüber, dass Ihr Filius keine Anstalten macht, sich Arbeit zu suchen. Er wird dies aber vermutlich so lange nicht tun, wie Sie ihm auch ohne Arbeit ein angenehmes Leben ermöglichen. Überlegen Sie deshalb doch mal gemeinsam mit Ihrem Mann, wie dem Sohn auf die Sprünge zu helfen wäre. Genau dies beabsichtigt der Staat übrigens durch die Ihnen bekannten Regeln: Ein schönes Leben auf Kosten anderer soll sich keiner machen können – weder auf Kosten des Staates noch auf Kosten der eigenen Eltern.

Kriege ich die Witwenrente von Mann Nr. 1 wieder, wenn ich mich von Mann Nr. 2 scheiden lasse?

Grüß Gott, liebe Redaktion!
Nach dem Tod von Ehemann Nr. 1 bezog ich Witwenrente. Diese fiel aber bei meiner zweiten Heirat vor zwei Jahren weg, und ich bekam eine lächerliche »Abfindung« von 1100 Euro. Bedauerlicherweise hat sich Mann Nr. 2 als Versager entpuppt. Er hängt nur an meinem Rockzipfel, liest mir stundenlang aus der Zeitung vor (ich kann selbst lesen!) und zerdeppert beim Abwaschen mein teures Porzellan. Das kann ich gar nicht haben. Nun meine Frage: Wie sichere ich meinen Lebensstandard, wenn ich mich

scheiden lasse? Was muss mir mein zweiter Mann an Geld abgeben? Und bekomme ich meine Witwenrente von Mann Nr. 1 wieder?

Eine Leserin,
die nicht irgendwann aus dem
Blechnapf essen möchte

Sehr geehrte Leserin,
grundsätzlich kann eine Witwenrente, die wegen Heirat weggefallen ist, wieder aufleben, wenn die neue Ehe aufgelöst oder für nichtig erklärt wird. Über die Bedingungen und eventuelle Höhe dieser »Rente nach dem vorletzten Ehegatten« sollten Sie sich anhand Ihres konkreten Einzelfalls in einer Beratungsstelle Ihres Rentenversicherungsträgers informieren. Ansprüche gegen Ihren heutigen Mann auf Witwenrente können nicht bestehen, weil er ja noch lebt – allerdings könnte im Rahmen des Versorgungsanspruchs Ihr eigener Rentenanspruch durch die Ehezeit geringfügig erhöht werden. Dies hängt aber von einer Vielzahl individueller Faktoren ab, die Sie ebenfalls bei der Rentenberatung ansprechen sollten. Dann ist auch eine ungefähre Einschätzung der eventuell zu übertragenden Ansprüche möglich. Die geringe Höhe bei der Auszahlung Ihrer früheren Witwenrente ergibt sich bei der kleinen Witwenrente meistens, da es sich lediglich um Restansprüche und keine echte Abfindung handelt.

Wie werde ich den Nachnamen von meinem Ex wieder los?

Sehr geehrte Redaktion,
bei meiner Scheidung 1997 wurde vereinbart, dass wir keine Ansprüche gegeneinander haben. Aber gilt das auch für die Rente? Und kann ich meinen Nachnamen ändern? Indem ich zum Beispiel wieder meinen Mädchennamen annehme? Mein Mann hat nämlich noch mal geheiratet, eine Afrikanerin! Zwei Kinder gibt es bereits aus dieser Verbindung. Mit ihm und seiner Sippe will ich aber nicht mehr in Verbindung gebracht werden und auch nicht so heißen wie der ganze Clan. Was raten Sie mir?

Eine Leserin, die sich von ihrer Vergangenheit
distanzieren möchte

Sehr geehrte Leserin,
grundsätzlich können Geschiedene den Geburtsnamen wieder annehmen – eine Frist hierfür ist im Normalfall nicht festgelegt. Lassen Sie sich dazu bitte von dem für Sie zuständigen Standesamt beraten. Bezüglich der Frage zu Ihrer Rente lässt sich nur sagen, dass im Normalfall das Scheidungsurteil alle Regelungen, auch spätere Versorgungsansprüche betreffend, enthält. Bitte schauen Sie einmal dort nach, welche Regelungen zum Versorgungsausgleich getroffen sind bzw. zu späteren Rentenansprüchen, oder klären Sie mit Ihrer Rentenversicherung, ob Ihnen dort Ansprüche aus der Ehezeit gutgeschrieben worden sind.

Ich brauche Geld. Soll ich mal meinen Ex verklagen?

Sehr geehrte Redaktion,
bin von meinem Mann geschieden und bekam 2 Jahre Un-
terhalt. Mache Tätigkeiten auf nebenbei mit geringem Ver-
dienst, habe jetzt Hartz IV, bin 55 Jahre alt. Kann man
von seinem Ex wieder Unterhalt beantragen, wenn man
keine Arbeit bekommt? Oder ihn deswegen verklagen?
Andere Möglichkeit: Wenn ich meinen Ex, was ich leider
bis heute nicht gemacht
habe, wegen Körperver-
letzung oder Sachbeschä-
digung (die noch heute
bewiesen und von mei-
nem Arzt bestätigt wer-
den kann) verklage, muss
ich die Gerichts- und Anwaltskosten tragen? Wie soll ich
das bei Hartz IV machen? Oder bekommt man einen An-
walt gestellt? Sie werden sich fragen, warum ich meinen
Exmann nicht früher belangt habe. Ich wollte Frieden und
alles ruhen lassen. Aber jetzt hat er die Wirtin seiner
Stammkneipe geheiratet, und nun frage ich mich oft,
warum ich ihn immer verschont habe. Ich bin finanziell am
Ende, soll er doch endlich bluten. Womit kriege ich ihn
dran?

Eine Leserin, die sich bei der Suche
nach neuen Einnahmequellen erfinderisch zeigt

Sehr geehrte Leserin,
aus Ihrem Brief geht hervor, dass Sie offenbar eine ganze
Reihe von »Ideen« haben, Ihre derzeitige und sicherlich

sehr schwierige finanzielle Situation zu verbessern, und Ihren Exmann deshalb auch vor Gericht mit den Geschehnissen aus der Vergangenheit konfrontieren möchten. Allerdings wird sich auch das Gericht bzw. die Staatsanwaltschaft die Frage stellen, warum die Taten Ihres Exmannes, die Sie ja heute als gravierend vom Gericht verfolgt sehen wollen, nicht damals sofort von Ihnen zur Anzeige gebracht wurden.

Insgesamt ist die Situation anhand der vorliegenden Informationen von uns schwer einzuschätzen. Dies gilt auch für die Frage, ob wegen Ihrer vergeblichen Bemühungen um eine Arbeitsaufnahme noch weitere Unterhaltsansprüche durchsetzbar sind. Die Ansprüche im Einzelfall kann nur ein Anwalt bei Prüfung aller zu berücksichtigenden Umstände beurteilen. Eine anwaltliche Beratung steht Ihnen zu, auch wenn Sie diese nicht selbst finanzieren können. In dem Fall sollten Sie sich mit Ihren Verdienstnachweisen an die Geschäftsstelle des zuständigen Amtsgerichts wenden und sich dort nach staatlicher Beratungs- und Prozesskostenhilfe erkundigen.

Kapitel 4

Soziales – und Unsoziales

Vielleicht haben Sie auch schon mal den Kopf darüber geschüttelt, wenn eine Tageszeitung über »Deutschlands faulste Arbeitslose« oder »die frechsten Sozial-Abzocker« berichtet hat. Auch wir müssen manchmal den Kopf darüber schütteln, mit welchem Erfindungsreichtum der eine oder andere die Sozialkassen anzapfen will. Da werden wir immer wieder nach Tipps und Tricks gefragt, auf Kosten anderer zu leben. Und weil wir das für gar nicht sozial halten, gibt es solche Hilfen von uns nicht. Denn zahlreiche andere Briefe zeigen, dass es trotz des sozialen Netzes noch immer viele Menschen gibt, die entweder durch dessen Maschen fallen oder sich darin verheddern. Und denen versuchen wir natürlich gern zu helfen – anstatt anderen Beihilfe zum Abzocken zu leisten.

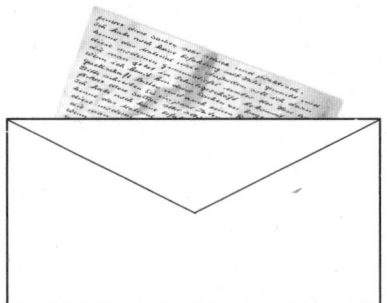

**Ich bin 40 und habe genug vom Stress im Job.
Wie kann ich in Frührente gehen?**

Sehr geehrte Redaktion,
ich bin 40 Jahre, fühle mich aber alt und verbraucht. Das
stressige Berufsleben macht mich fertig! Ich habe öfter
Kopfschmerzen, Rückenprobleme, komme jeden Morgen
nur noch schwer in die Gänge und kann mein Leben so gar
nicht mehr genießen. Reicht das, um vom Arzt eine 40-pro-
zentige Behinderung (oder mehr) attestiert zu bekommen?
Eine Bekannte gab mir den Tipp. Wie auch immer, ich
denke, es wird Zeit für mich, in Frührente zu gehen! Was
muss ich dafür tun, und wie viel Geld steht mir zu?

Eine Leserin, die den Sozialstaat
offenbar für einen Selbstbedienungsladen hält

Sehr geehrte Leserin,
grundsätzlich können wir Ihnen nicht alle die Frührente
betreffenden Hinweise erläutern, da dies den Rahmen eines
Antwortbriefes sprengen würde. Zunächst einmal möchten
wir Ihnen deshalb empfehlen, sich an Ihren Rentenver-
sicherungsträger zu wenden und sich von dort die Informationen über Frühverrentung zusenden zu lassen.

Allerdings wird die Frührente (Erwerbsunfähigkeits-
rente) nicht bei 40-prozentiger Behinderung gewährt, und
wegen Ihres Alters dürfte der Anspruch sehr niedrig ausfallen. Darum macht es Sinn, auch die kostenlose Bera-
tungsmöglichkeit in einem der Beratungszentren zu nutzen, die Ihre Rentenversicherung bundesweit unterhält.

Erlauben Sie uns aber auch noch ein paar Anmerkungen,
die vielleicht auch Anregungen für eigene Gedanken sein

mögen: Angesichts Ihrer Schilderungen ist anzunehmen, dass Sie das Glück haben, für eine Frühverrentung »zu gesund« zu sein. Und dies ist doch sicherlich besser, als mit vierzig bereits »erwerbsunfähig« zu sein. Überlegen Sie doch einmal, wie viele Menschen aus gesundheitlichen Gründen wirklich nicht mehr arbeiten können, dies aber gern wollen.

Vielleicht sollten Sie auch einmal Ihre eigene Situation nüchtern betrachten. Denn vermutlich geht es Ihnen doch ebenso wie den anderen rund 37 Millionen Erwerbstätigen in Deutschland, die auch manchmal morgens müde und lustlos zur Arbeit gehen. Natürlich wäre ein Leben ohne Arbeit und mit ausreichend Geld viel erstrebenswerter – aber so ein Leben lassen die Sozialkassen ohnehin nicht zu. Und wenn alle so dächten, gäbe es gar keine Sozialkassen mehr, aus denen die wirklich Bedürftigen unterstützt werden könnten. Wir meinen, dass es gute Gründe zur Freude darüber gibt, sein Leben selbst finanzieren zu können, gesund genug und nicht auf Hilfe anderer angewiesen zu sein.

Wir haben kein Geld, wollen aber sofort ein Baby. Was gibt's denn da alles vom Staat?

Liebe Redaktion,
mein Freund (28) und ich (22) wünschen uns ein Kind. Leider haben wir überhaupt kein Geld dafür. Er studiert noch, ich arbeite als Bäckereifachverkäuferin. Seine Mutter unterstützt ihn finanziell, und zu zweit kommen wir ganz gut über die Runden. Aber wie sieht das mit Kind aus?

Ich möchte in den zwei Jahren nach der Geburt natürlich zu Hause bleiben und nur für das Kind da sein. Wir würden 300 Euro Erziehungsgeld und 160 Euro Kindergeld bekommen. Das heißt weniger Einnahmen und mehr Ausgaben. Was ist, wenn das Auto es nicht durch den TÜV schafft oder größere Reparaturen anfallen? Wir wollen dem Kind 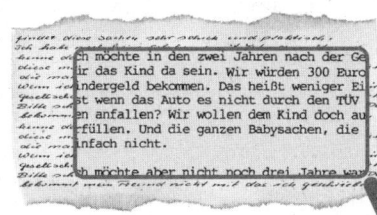 doch auch was bieten, ihm jeden Wunsch erfüllen. Und die ganzen Babysachen, die Babynahrung, Kindermöbel usw. – das reicht einfach nicht.

Ich möchte aber nicht noch drei Jahre warten, bis mein Freund fertig ist mit dem Studium und sich einen Job suchen kann. Im Moment ist doch alles perfekt, wir lieben uns, haben eine Wohnung, meine Eltern sind Rentner und körperlich fit und könnten uns mit Babysitten unterstützen. Wir haben beide eine kinderliebe Einstellung und biologisch das richtige Alter. Wir wollen also jetzt sofort ein Baby! Darum unsere Frage: Was gibt es denn da alles an Geldern vom Staat?

Eine junge Leserin,
die das Kind schon schaukeln wird ...

Sehr geehrte Leserin,
wir freuen uns über Ihre positive Einstellung Kindern gegenüber. Außerdem hoffen wir, dass sich Ihr Kinderwunsch erfüllt und sich so das erstrebte Familienglück einstellt.

Aber überlegen Sie doch bitte einmal, ob »jetzt sofort« wirklich der richtige Zeitpunkt ist, schon an den Familienzuwachs zu denken. Denn Sie schreiben ja selbst, dass Sie Ihrem Kind jeden Wunsch erfüllen möchten. Das aber wird schwer möglich sein, wenn Sie dabei nur auf die Hilfe des Staates angewiesen sind. Denn die fällt im Normalfall nur so niedrig aus, dass man damit zwar leben, nicht aber ein schönes Leben führen kann.

Zu Ihren Ansprüchen auf Eltern- und Kindergeld erhalten Sie im für Sie zuständigen Rathaus alle Informationen auch in Form von Broschüren. Aber diese finanzielle Unterstützung allein reicht selten aus, um Ihnen und Ihrem Kind einen sorgenfreien Alltag zu bescheren. Aus Ihrem Brief geht ja hervor, dass Sie und Ihr Freund zum heutigen Zeitpunkt noch nicht in der Lage sind, Ihr eigenes Leben in vollem Umfang zu finanzieren. Wäre es da nicht überlegenswert, mit dem Kinderwunsch so lange zu warten, bis dies möglich ist? Zumindest so lange, bis Ihr Freund sein Studium abgeschlossen und im Beruf Fuß gefasst hat?

Bestimmt lassen sich dann viel leichter all diese Wünsche erfüllen, die Sie für Ihr Kind haben und mit dem Kinderwunsch verbinden. Sonst könnte es nämlich dazu kommen, dass wegen des Kindes auf vieles verzichtet werden und auch das Kind verzichten muss. Und es wäre doch wirklich schade, wenn sich dann durch das Kind nicht das erhoffte Glück einstellt, sondern Sie sich wegen der gesamten Umstände unglücklich fühlen. Darüber sollten Sie auch einmal mit Ihrem Freund sprechen.

Wie kann ich dem Hartz-IV-Amt 11.000 Euro verheimlichen?

Sehr geehrte Redaktion,
ich kann vor Sorgen gar nicht mehr schlafen! Ich bin auf
Hartz IV, erwarte aber demnächst aus einer Lebensver-
sicherung 11.000 Euro. Ich hätte daraus auch einen Ren-
tenzuschuss auf Lebens-
zeit erhalten können. Nun
möchte ich mir davon
aber lieber neue Möbel
kaufen, eine schöne Reise
machen usw. Doch da ich
Geld vom Amt, mehrere

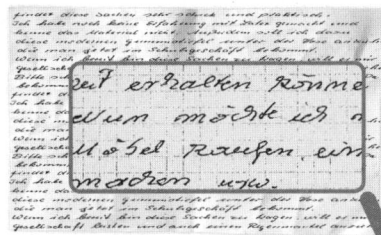

hundert Euro monatlich, beziehe, befürchte ich, dass mir
dieses gestrichen wird. Wie kann ich die Summe verheim-
lichen? Ins Gefängnis will ich aber auch nicht. Bitte helfen
Sie mir!

Eine Leserin, die wenigstens uns gegenüber
entwaffnend ehrlich ist

Sehr geehrte Leserin,
grundsätzlich stellen Sie uns eine Frage, die darauf hinausläuft, dass Sie von uns Hilfe bei der Erschleichung von
staatlichen Leistungen erbitten. Wir machen Sie vorsorg-
lich darauf aufmerksam, dass Sie sich damit strafbar
machen und wir eine entsprechende Beihilfe nicht leisten
können.

Generell steht auch den Betroffenen von Hartz IV ein so-
genanntes Schonvermögen zu, das mindestens 150 Euro
pro Lebensjahr beträgt. Das Ihnen darüber hinaus dem-

nächst von der Versicherung auszuzahlende Geld müsste jedoch als Vermögen für die Bestreitung Ihres Lebensunterhalts eingesetzt werden, ehe Sie Anspruch auf staatliche Leistungen haben.

Sinnvoll wäre, im Gespräch mit der Versicherung zu prüfen, ob die Ihnen zustehende Zahlung nicht in eine Rente umgewandelt werden kann, die erst zum Ruhestandsbeginn ausgezahlt wird. Dann könnte der Gesamtbetrag als Schonvermögen gelten. Zwar steht es Ihnen dann nicht für heutige Anschaffungen zur Verfügung, aber Sie könnten sich davon im Ruhestand sicherlich den einen oder anderen Wunsch erfüllen, und zwar auf ganz legale Weise.

Muss sich meine Tochter (21) wirklich Arbeit suchen?

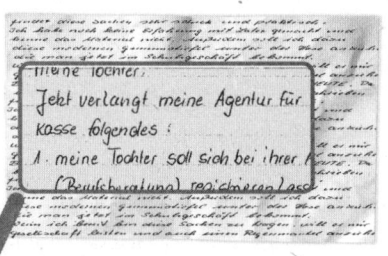

Sehr geehrte Redaktion, meine Tochter (21) ist seit Beendigung der Lehre arbeitslos. Da sie während der Lehrzeit kein Geld bekam, erhält sie auch kein Arbeitslosengeld. Ich selbst bekomme ALG I und Kindergeld für sie. Dieses Kindergeld überweise ich monatlich an meine Tochter. Jetzt verlangt meine Agentur für Arbeit/Kindergeldkasse Folgendes:

1. Meine Tochter soll sich bei ihrer Agentur für Arbeit (Berufsberatung) registrieren lassen.

2. Meine Tochter soll schriftliche Absagen der Betriebe

an mich schicken, und ich soll diese an die zahlende Kin-
dergeldkasse weiterleiten.

Da viele Betriebe keine Absagen versenden, soll sie die
Bewerbungen künftig per Einschreiben schicken! Als Du-
plikat ausgedruckte Bewerbungsschreiben werden von der
Kindergeldkasse nicht akzeptiert, sie könnten ja ausge-
dacht sein. Wir sind in heller Aufregung, muss sich meine
Tochter jetzt wirklich Arbeit suchen? Wird sonst das
Kindergeld gestrichen?

Eine besorgte Mutter, die nicht fassen kann, dass für
ihre erwachsene Tochter der Ernst des Lebens beginnt

Sehr geehrte Leserin,
grundsätzlich entsprechen die von der Kindergeldkasse
gestellten Forderungen der üblichen Verfahrensweise – zumal es mehr als ungewöhnlich ist, dass die Tochter zwar
eine Ausbildung gemacht und wohl auch abgeschlossen
hat, angeblich aber in dieser Ausbildung gar kein Geld
bekommen haben soll und auch jetzt nicht in der Lage ist,
irgendeinen Job (auch als Hilfstätigkeit) zu finden.

Offensichtlich hat die Arbeitsagentur Zweifel an diesen
Angaben, zumal gerichtlich abgesegnet ist, dass derjenige,
der Hilfe beansprucht, zunächst seine Hilfsbedürftigkeit
nachzuweisen hat. Als Nachweis für die tatsächlich er-
folgten Bewerbungen reicht allerdings ein Einwurf-Ein-
schreiben.

Ignorieren allerdings sollten Sie die Aufforderungen der
Arbeitsagentur nicht. Denn selbst im Idealfall steht Ihnen
nach dem Abschluss der Ausbildung nur noch für wenige
Monate Kindergeld zu. Unternimmt Ihre Tochter jedoch
keinerlei Anstrengungen, einen Job zu finden, kann sie

auch nach Einstellung der Kindergeldzahlungen nicht mit anderen Leistungen rechnen. Vielleicht wäre es deshalb gut, einmal mit Ihrer Tochter über deren Einstellung zur Jobsuche zu sprechen – ehe alle Zahlungen vom Amt eingestellt werden.

Habe zu viel Krankengeld bekommen und alles ausgegeben. Muss ich es zurückzahlen?

Sehr geehrte Redaktion,
vor ein paar Monaten war ich in einer REHA-Maßnahme und bezog für diese Zeit Übergangsgeld. Doch durch einen Irrtum der Krankenkasse (das Entlassungsdatum wurde falsch eingetragen) wurde mir zu viel Geld überwiesen. Natürlich freute ich mich über den warmen Regen. Jetzt plötzlich ist die Kasse aufgewacht und fordert ihr Geld zurück! Und das, obwohl nicht ich einen Fehler gemacht habe, sondern die anderen. Ich habe dem Sachbearbeiter bereits mitgeteilt, dass das Geld weg ist, denn ich habe es längst für den täglichen Bedarf ausgegeben. Die Rückzahlung können die sich also abschminken. Ist es denn überhaupt korrekt, dass man mich dazu auffordern darf? Wieso soll ich das zurückzahlen?

Ein humorvoller Leser, der das Leben (und das Geld) nimmt, wie es gerade kommt

Sehr geehrter Leser,
grundsätzlich kann eine zu viel erbrachte Leistung zurückgefordert werden – wenn der Empfänger mit der Rück-

forderung rechnen konnte. Das werden die Gerichte vermutlich in Ihrem Fall annehmen. Denn einerseits kann vom Bürger nicht gefordert werden, dass jede Berechnung für ihn nachvollziehbar ist bzw. er Fehler erkennt. Andererseits aber könnte von Ihnen verlangt werden, dass Sie falsche Datumsangaben bemerken und dann korrigieren.

Wir können Ihnen deshalb kaum Hoffnung machen, dass sich die Forderung abwenden lässt. Sie sollten dies allerdings durch eine anwaltliche Beratung abzuwenden versuchen. Denn für die rechtssichere Beurteilung der Situation sind viele Umstände des Einzelfalls zu berücksichtigen. Lässt Ihr Einkommen eine solche Beratung nicht zu, können Sie sich mit Verdienstnachweisen an die Geschäftsstelle des zuständigen Amtsgerichts wenden und sich dort nach staatlicher Beratungs- und Prozesskostenhilfe erkundigen.

Neues Auto trotz Hartz IV – wie kriege ich das hin?

Sehr geehrte Damen und Herren,
ich möchte eine soziale Rechtsfrage wenn möglich beantwortet haben. Ich bin seit … im ALG II (Hartz IV). Welche Rechte habe ich betreffs Autokauf? Ich fahre einen 3 Jahre alten Nissan Micra, möchte diesen gegen ein neues Modell (Erstzulassung, weil es preisgünstiger ist) eintauschen. Mit einer Zuzahlung von ca. 2500,– Euro, die mir meine Mutter zahlen würde, kann ich rechnen, weil sie mit dem Auto sehr oft auch fahren

muss. Welche Rechte habe ich da? Wie kriege ich diesen
Neuwagenkauf hin?

Eine Leserin, zu deren Lebensstil
einfach keine 3-jährigen »Oldtimer« passen

Sehr geehrte Leserin,
grundsätzlich kann die Zurverfügungstellung der 2 500 Euro durch Ihre Mutter problematisch sein, weil Ihnen dieses Geld als Vermögen angerechnet werden und zu einer Kürzung des ALG II führen kann. Sollte die Sozialagentur durch Datenabgleich mit der Zulassungsstelle bzw. dem Finanzamt (wegen der Kfz-Steuer) davon erfahren, drohen Sanktionen. Denn nach Ansicht des Staates ist das Fahren mit einem drei Jahre alten Auto durchaus nicht unzumutbar. Dieser Auffassung schließen wir uns übrigens an.

Ich bin Rentnerin und will arbeiten, aber man vermittelt mich nicht.

Sehr geehrte Redaktion,
ich würde gern wieder arbeiten, obwohl ich bereits Rentnerin bin. Zu meinem Erstaunen wurde mir aber auf dem Arbeitsamt mitgeteilt, dass ich nicht vermittelbar sei. Arbeitslosengeld steht mir auch nicht zu!? Trotzdem wurde mir die Arbeitslosen-Versicherung jahrzehntelang abgezogen. Muss ich mir das bieten lassen bzw. habe ich nicht einen Anspruch auf Rückerstattung dieser Beiträge? Zum besseren Verständnis schicke ich einige Unterlagen mit.

Eine rüstige Leserin, die noch voller Tatendrang ist

Sehr geehrte Leserin,
nach dem uns vorgelegten Rentenbescheid sind Sie heute
74 Jahre alt. Deshalb ist es richtig, dass Ihnen kein Arbeitslosengeld mehr zusteht und auch keine Erstattung, da
Sie als Rentnerin nicht mehr in den Zuständigkeitsbereich
der Arbeitslosenversicherung fallen. Sie können aber ohne
Rentenkürzung und ohne Zahlung von Steuern oder Sozial-
abgaben 400 Euro monatlich in einem Nebenjob hinzuver-
dienen.

Mein ganzes Geld für den Monat ist weg.
Warum gibt es kein neues?

Sehr geehrte Redaktion,
ich bin sehr traurig, dass es in Deutschland anscheinend
nicht möglich ist, Hilfe zu bekommen, wenn man in Not
ist. Zu den Hintergründen: Kürzlich wurde mir das gesamte
Geld für einen Monat gestohlen. Unglücklicherweise kann
ich das nicht beweisen. Die Polizei behauptet, ich hätte es
verloren, das stimmt aber nicht. Ich war verzweifelt und
ging zum Sozialamt, denn das ist doch eigentlich für solche
Fälle da?! Dort bekam ich jedoch nur zu hören, dass ich
gar nicht hilfsbedürftig sei, weil ich ja eine Arbeit habe. Ich
solle zu meinem Chef gehen und um einen Vorschuss bit-
ten. Wäre das nicht möglich, solle ich mir das schriftlich
bestätigen lassen und mit diesem Papier wiederkommen,
dann würde man mir 5 Euro pro Tag zur Verfügung stel-
len. Hat man da noch Worte? Natürlich habe ich meinem
Chef nichts gesagt, das wäre mir viel zu peinlich gewesen.
Ich war dann noch bei der Caritas und beim sozialen

Dienst katholischer Frauen, und überall sagte man nur:
»Wir können nichts tun, gehen Sie zum Sozialamt.«
Schließlich wandte ich mich an diverse andere Organisa-
tionen und Stiftungen. Leider vergeblich. Unserem Bürger-
meister habe ich einen Brief geschrieben, dass es in seiner
Stadt drunter und drüber geht und man auf dem Sozialamt
nur schikaniert wird! Jetzt wende ich mich an Sie, denn die
Medien müssen so eine Ungerechtigkeit endlich mal be-
kanntmachen!

Eine Leserin, die nicht nur Geld, sondern auch den
Glauben an das Sozialamt verloren hat

Sehr geehrte Leserin,
wir bedauern Ihre missliche Lage und verstehen auch, dass
Sie verbittert sind. Doch ein echter Vorwurf, in Ihrem Fall
falsch gehandelt zu haben, ist den von Ihnen genannten
Stellen nicht zu machen. Tatsächlich handelt es sich nicht
um eine beweisbare Straftat, die zum Verlust des Geldes
geführt hat. Und Ihnen wurde ja angeboten, öffentliche
Hilfe in Anspruch zu nehmen. Allerdings hätten Sie dann
auch den geforderten Nachweis bringen müssen, dass
Ihnen kein anderer hilft, wie z.B. der Arbeitgeber mit
einem Vorschuss. Hilfe wurde Ihnen also sehr wohl angeboten – allerdings müssen dann auch die daran geknüpften
Bedingungen erfüllt werden. Als Schikane kann dies kaum
bewertet werden. Deshalb wäre zu überlegen, sich nach
Erfüllung der genannten Bedingungen nochmals an das
Amt zu wenden.

Wie kann ich verhindern, dass mir vom Amt ein Job vermittelt wird?

Sehr geehrte Redaktion,
demnächst werde ich arbeitslos. Da ich bereits 60 bin,
würde ich aber lieber in Rente gehen, natürlich ohne Ab-
züge! Denn 18 Prozent weniger sind nicht erstrebenswert!

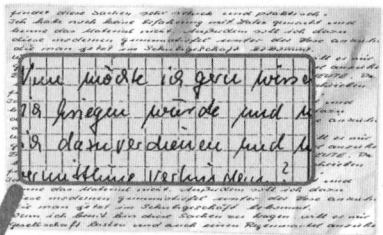

Nun möchte ich gern
wissen, wie viel Prozent
Arbeitslosengeld ich krie-
gen würde und wie
lange? Wie viel darf ich
dazuverdienen, und wie
kann ich vor allem er-
folgreich eine Jobvermittlung verhindern? Denn die würde
mir am Ende noch einen Strich durch die Rechnung machen
und meine ganze Planung vermasseln!

Eine jung gebliebene Leserin,
die sich aufs Altenteil zurückziehen möchte

Sehr geehrte Leserin,
grundsätzlich kann das Arbeitslosengeld von allen, die
58 Jahre und älter sind, für längstens 24 Monate bezogen
werden. Nach einer Faustregel beträgt es rund 67 Prozent
(mit Kindern), sonst 60 Prozent des vorher im Job erzielten
Nettolohns. Abhängig ist die Zahldauer aber von der
bisherigen sozialversicherungspflichtigen Beschäftigungs-
dauer. Das ist die Zeit, in der Ihnen vom Bruttolohn Beiträge zur Arbeitslosenversicherung abgezogen wurden. Zeiten, in denen Sie z.B. einen 400-Euro-Job ausgeübt haben,
werden dabei nicht berücksichtigt. Zur genauen Feststel-

lung Ihrer Ansprüche, sowohl was die Dauer als auch die Höhe betrifft, empfehlen wir jedoch eine individuelle Beratung bei Ihrer Arbeitsagentur. Denn diese generellen Eckwerte könnten im Einzelfall wegen uns nicht bekannter Umstände unzutreffend sein.

Beraten wird man Sie dort auch zur weiteren Planung Ihres Lebensweges. Denn je nach Verlauf Ihres bisherigen Berufslebens können Sie eventuell nach zwei Jahren Arbeitslosigkeit und Bezug von Arbeitslosengeld I mit 62 Jahren und einem Abzug von nur 10,8 Prozent des Rentenanspruchs in den Ruhestand gehen.

Eine Vermittlung durch die Arbeitsagentur allerdings kann generell nicht verhindert werden, ist aber erfahrungsgemäß bei 60-Jährigen bzw. Älteren nicht zu erwarten. Während der Zeit Ihrer Arbeitslosigkeit ist der Zuverdienst z.B. durch einen Nebenjob begrenzt. Bei mehr als 165 Euro monatlich ist eine Anrechnung auf das Arbeitslosengeld zu erwarten, beim Arbeitslosengeld II liegt diese Grenze noch niedriger. In jedem Fall ist die Arbeitsagentur über die Nebenbeschäftigung zu informieren. Nach Rentenbeginn dürfen im Normalfall mindestens 400 Euro monatlich ohne Abzüge oder Anrechnung auf die Rente hinzuverdient werden.

Unser Sohn ist arbeitslos.
Wer bezahlt ihm nun die eigene Wohnung?

Hallo liebe Redaktion,
unser Sohn ist 20 Jahre und seit vier Monaten arbeitslos.
Trotz intensiver Bemühungen war es ihm bislang nicht

möglich, einen neuen Job zu finden. Er wohnt auch noch in unserem Haushalt. Nun hat er aber den verständlichen Wunsch eines jungen Menschen nach einer eigenen Wohnung! Da wir ihm diese aber nicht finanzieren können (irgendwann muss damit ja auch mal Schluss sein), habe ich folgende Frage an euch: Wer übernimmt statt unserer die Kosten dafür, und an wen sollen wir uns wenden?

Eine Leserin, deren Sohn hart im »Nehmen« ist

Sehr geehrte Leserin,
der Staat ist nicht verpflichtet, einem Menschen eine eigene Wohnung zu finanzieren, nur weil er gern eine hätte, sie aber nicht bezahlen kann.

In dem uns geschilderten Fall wird mit staatlicher Hilfe auch deshalb nicht zu rechnen sein, weil Sie und Ihr bei Ihnen lebender Sohn als Bedarfsgemeinschaft gelten und anzunehmen ist, dass der Sohn weiter bei Ihnen leben kann. Die Anmietung einer eigenen Wohnung durch ihn wäre also eine mutwillige Verschlechterung der eigenen Situation, die schon deshalb jeden Anspruch auf Fördermittel ausschließen könnte.

Außerdem ist zu berücksichtigen, dass Sie unterhaltspflichtig gegenüber Ihrem Sohn sind. Diese Unterhaltspflicht greift, ehe staatliche Mittel gezahlt werden. Andererseits aber ist Ihr Sohn verpflichtet, Sie bei der Unterhaltspflicht so weit es geht zu entlasten. Dies könnte im Normalfall dadurch geschehen, dass er sich irgendeinen Job sucht – denn es gilt ja allgemein als üblich, dass Kinder irgendwann mal für sich selbst zu sorgen beginnen und nicht auf Dauer erwarten, dass die Eltern für sie bezahlen bzw. der Staat zum großen Wunschkonzert einlädt.

Vielleicht wäre es sinnvoll, einmal mit Ihrem Sohn darüber zu reden, wie er sich die weitere Gestaltung seines Lebensweges vorstellt. Natürlich kann die daraus bestehen, einfach abzuwarten, vielleicht auch bis zum Ruhestand. Aber es wird Ihnen sicherlich gelingen, Ihrem Sohn einen Anstoß zu geben. Denn in einem Punkt haben Sie völlig recht. Irgendwann muss mal Schluss sein – mit der Finanzierung durch die Eltern in jedem Fall. Und irgendwann muss jeder mal anfangen, für sich selbst zu sorgen. Aber wer nichts sucht, auch in anderen Städten oder anderen Berufen, der wird auch nichts finden.

Arbeiten liegt mir einfach nicht.
Wo bleiben meine Rechte?

Sehr geehrte Damen und Herren,
ich bin seit acht Jahren ohne Job, denn das Arbeiten liegt mir einfach nicht. Nun hat man mich zu einem Ein-Euro-Job im Pflegeheim verdonnert. Dort decke ich u. a. den Tisch und serviere die Mahlzeiten. Ich habe hohen Respekt vor dem Alter, aber mir dreht sich der Magen um, wenn einige ihr Gebiss rausnehmen und es ablecken oder mit dem Essen herummanschen. Ich kann das nicht sehen, aber was soll ich machen, ohne dass mir das Geld vom Amt gestrichen wird? Hinzu kommt, ich war beim Amts-

arzt, dort wurde festgestellt, dass ich nicht lange stehen, sitzen, über Kopf arbeiten oder in gebückter Haltung arbeiten kann. Ich arbeite am Tag nur vier Stunden, aber wenn ich Feierabend habe, bin ich fix und fertig, habe das Gefühl, dass ich jeden Moment durchbreche, und meine Waden sind wie Blei. Was kann man da machen?

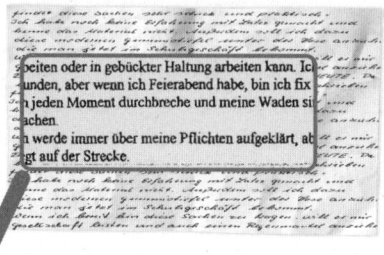

Ich werde immer über meine Pflichten aufgeklärt, aber wo bleiben meine Rechte? Das alles liegt auf der Strecke.

Manchmal muss ich sogar am Wochenende arbeiten. Wären dann nicht Wochenendzuschläge fällig? Zwar habe ich in der darauffolgenden Woche frei – aber ist das nicht trotzdem Ausbeutung? Und zum Thema Urlaub: Mir wird sogar die Mehraufwandsentschädigung für Urlaubstage verwehrt, dabei kriege ich sowieso nur zwei läppische Tage pro Monat.

Eine Leserin im Kampf gegen die unmenschliche Sklaverei in einem nicht ungewöhnlichen Halbtagsjob

Sehr geehrte Leserin,
generell könnte eine Ihrer Meinung nach unzumutbare Arbeit im Rahmen eines Ein-Euro-Jobs abgelehnt werden. Ob aber diese Tätigkeit wirklich unzumutbar ist, kann von hier aus nicht beurteilt werden. Anspruch auf Zuschläge für Wochenenden und Feiertagsarbeit besteht nicht laut Gesetz, sondern nur nach den Arbeitsverträgen oder tariflichen Vereinbarungen für normale Arbeitnehmer. Und der

Mehraufwandszuschlag für Urlaubstage wird kaum durchsetzbar sein, da Ihnen kein Mehraufwand (z. B. für Fahrten in das Heim) entsteht.

Da Ihnen aber ja das Servieren nicht so unangenehm zu sein scheint, wäre es doch zu überlegen, ob Sie sich nicht selbst irgendwo anders einen Job als Serviererin suchen – 100 Euro Verdienst wären in jedem Fall monatlich anrechnungsfrei, das ALG II würde also nicht gekürzt. Außerdem sollten Sie bedenken, dass Sie auf Ein-Euro-Basis lediglich einen Halbtagsjob ausüben müssen. Im Gegenzug bekommen Sie Arbeitslosengeld II, den kleinen Zuschlag für Ihren Job, und Ihre Wohnkosten werden übernommen. Unterm Strich haben Sie deshalb sogar noch monatlich netto mehr, als viele der generell schlecht bezahlten Pflegekräfte mit einem Vollzeitjob netto bekommen, wenn man dann noch die Wohnkosten abzieht. Vielleicht lässt sich unter diesem Gesichtspunkt der momentane Job doch mit etwas anderen Augen sehen und ist leichter zu ertragen.

Kapitel 5

Wohnen – mein Haus ist meine Hölle

Wir alle wissen, dass »niemand in Frieden leben kann, wenn es dem bösen Nachbarn nicht gefällt«. Lärm, Gestank oder Belästigungen sind die häufigsten Probleme, wegen der sich die Leser an uns wenden. Aber wir fürchten, dass sich nicht jeder über unsere Antworten freut. Denn schließlich sind es die bösen ebenso wie die lieben Nachbarn, die um unseren Rat bitten. Und natürlich bekommen wir auch viel Post von Mietern, die sich über den Tisch gezogen fühlen. Wenn das zutrifft, dann versuchen wir natürlich mit praktischen Ratschlägen zu helfen. Doch es gibt eben auch Fälle, wo das nicht klappt und den Fragestellern nicht zu helfen ist. Aber lesen Sie selbst.

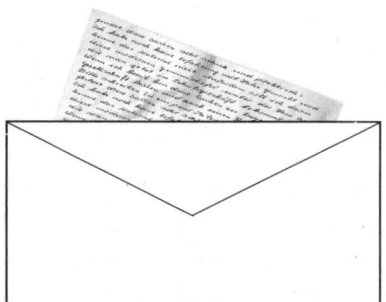

Wasser statt Öl in der Heizung –
dürfen wir wegen Betrugs die Miete kürzen?

Werte Damen und Herren,
mein Mann und ich haben einen riesigen Schwindel aufge-
deckt, der sicherlich auch Ihre Zeitschrift sehr interessiert.
Sie müssen unbedingt darüber berichten! Für Interview
und Fotos stehen wir bereit. Deutschland muss wissen, was
los ist. Auch wollten wir fragen, ob wir als Entschädigung
ab sofort die Miete kürzen können – um 20 Prozent oder
mehr? Und gibt es vielleicht eine Belohnung wegen Auf-
deckung dieses unglaublichen Skandals?

Worum es nun geht: Wir bezahlen laut unserer Neben-
kostenabrechnung seit Jahren hohe Summen für eine
ÖLHEIZUNG! Neulich waren aber die Handwerker da
und machten was an unseren Heizkörpern. Dafür haben
sie auch kurz das Rohr geöffnet, und Sie glauben nicht,
was rauskam: nur schmutziges WASSER! Also von wegen
Ölheizung. Wir sind empört, dass wir jahrelang für teures
Öl bezahlen mussten, dabei fließt in der Heizung nur
billiges Wasser! Wir sind bestimmt nicht die einzigen
Mieter im Lande, die so über den Tisch gezogen werden.
Bitte helfen Sie uns, den Skandal an die Öffentlichkeit zu
bringen.

Eine Leserin, deren »Enthüllung«
sich leider als ein Schlag ins Wasser erweist

Sehr geehrte Leserin,
zunächst einmal möchten wir Ihnen die gute Nachricht
mitteilen, dass Sie von Ihrem Vermieter nicht seit Jahr und
Tag betrogen werden. Denn es ist, völlig unabhängig von

der Befeuerungsart, absolut üblich, dass in einer Zentral-
heizung Wasser als Medium für den Wärmetransport vom
Heizkessel zu den einzelnen Radiatoren bzw. Heizkörpern
verwendet wird.

Ob der Kessel also mit Kohle, Holz, Gas oder Öl beheizt
wird, spielt keine Rolle: Im Kessel wird Wasser erwärmt,
und dieses warme Wasser fließt anschließend durch Ihre
Heizkörper.

Anders wäre es ja auch gar nicht möglich. Denn es ist
halt nicht machbar, Ihrer Logik folgend, bei einer Kohle-
heizung irgendwie Kohle durch die Rohre zu pusten oder
bei einer Gasheizung Gas. Denn auch bei einer Fern-
heizung werden Ihre Heizkörper nicht auf der anderen
Straßenseite aufgestellt, sondern das Wasser wird in einem
meist etwas weiter entfernten Heizkraftwerk erwärmt.
Aber immer ist es Wasser, das Ihnen die Wärme in den
Heizkörper bringt.

Eine Mietkürzung aus den genannten Gründen ist also
nicht möglich. Allenfalls könnten Sie z. B. durch einen Mie-
terverein einmal prüfen lassen, ob die Ihnen berechneten
Heizkosten im üblichen Rahmen liegen und die Abrech-
nung auch in allen anderen Punkten als korrekt anzusehen
ist.

Ich brauche keine Mülltonne.
Wieso muss ich trotzdem zahlen?

Sehr geehrte Damen und Herren,
ich wohne in einem Sechsfamilienhaus. Ich brauche und
habe keinen Mülleimer. Eine weitere Mieterin benötigt

ebenfalls keinen Mülleimer. Darf mein Vermieter trotzdem die Mülleimerkosten auf alle Mietparteien aufteilen/umlegen?

Eine Leserin, die offensichtlich
keine Sorge mit dem Entsorgen hat

Sehr geehrte Leserin,
grundsätzlich sind alle im Mietvertrag genannten Nebenkosten entsprechend des Verteilerschlüssels (meist nach Wohnfläche) zu entrichten. Dies gilt unabhängig davon, wie oft man sich selbst in der Wohnung aufhält bzw. wie viele Personen dort leben. Lediglich bei in der Wohnung vorhandenen Wasserzählern und bei der gesetzlich vorgeschriebenen verbrauchsabhängigen Heizkostenabrechnung spielen die persönlichen Lebensgewohnheiten eine Rolle.

Gerechter wäre es natürlich auf den ersten Blick, alle Kosten entsprechend der Personenzahl umzulegen. Aber dies ist wenig praktikabel und wäre auch unter Datenschutzgesichtspunkten kritisch zu sehen, weil dann Listen darüber geführt werden müssten, wie lange sich wie viele Personen in einer Wohnung aufhalten.

In Ihrem Fall stellt sich für uns die Frage, wie Sie es eigentlich schaffen, gar keinen Müll zu produzieren? Vielleicht mögen Sie uns das gelegentlich einmal mitteilen. Denn selbst in Haushalten, die absolut konsequente Müllvermeidung betreiben, gibt es nach Erfahrungen der Umweltverbände immer noch anfallenden Restmüll. Nun könnte man den natürlich durch die Toilette spülen oder vom Balkon werfen, um selbst keinen Mülleimer zu benötigen. Doch egal, wie Sie Ihre kleine Restmenge Müll entsorgen – irgendwo muss er ja hin. Oder nehmen Sie den mit zur Arbeit bzw. werfen Sie ihn in eine öffentliche Mülltonne? Dann wäre das vergleichbar damit, immer aus den Gläsern anderer zu trinken, um sich im Restaurant nicht selbst etwas bestellen zu müssen.

Die meisten örtlichen Gebührensatzungen in Deutschland sehen übrigens vor, dass von jedem Haushalt ein Mindestbetrag für die öffentliche Müllentsorgung kassiert werden darf, weil der völlige Verzicht auf eine Mülltonne nicht vorstellbar ist und auf diese Weise die illegale (oder auf fremde Kosten erfolgende) Müllentsorgung vermieden werden soll.

Die Nachbarin keucht und stöhnt so laut. Was hilft außer Ohropax?

Liebe Redaktion!
Ich wende mich mit einem »pikanten« Problem an euch.
Vor einem Jahr habe ich eine Eigentumswohnung bezo-

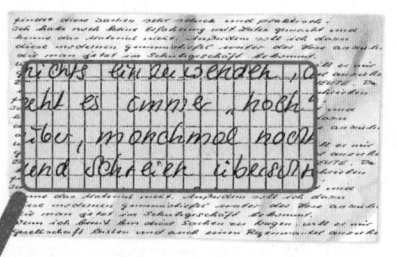

gen. Die Atmosphäre im Haus (acht Parteien) ist prima, allerdings wohnt in der Wohnung über mir eine Single-Dame (wie ich Mitte 40), die häufiger Herren-Besuch hat. Dagegen ist ja nichts einzuwenden, aber bei diesen Besuchen geht es immer »hoch« her (manchmal tagsüber, manchmal nachts). Das Keuchen, Stöhnen und Schreien überschreitet dabei eindeutig die Schall- bzw. Schmerzgrenze. Ich bin völlig verzweifelt und fühle mich mies, wie soll ich die Frau auf dieses Problem bloß hinweisen, ohne mir gleich einen lebenslänglichen Feind zu machen? Ich bin bestimmt nicht spießig oder prüde, aber bei dieser Lautstärke fühle ich mich echt wie ein Voyeur! Habt ihr vielleicht einen Rat für mich (außer Ohropax)?

Eine Leserin, die ihrer Nachbarin
etwas mehr »Bettruhe« wünscht ...

Liebe Leserin,
grundsätzlich stellt sich in den wie von Ihnen geschilderten Fällen immer die Frage, ob es sich um normale Wohngeräusche (die jeder hinnehmen muss) oder um Lärmbelästigung handelt. Um das festzustellen, müssten Sie zunächst Kontakt mit anderen Nachbarn im Haus aufnehmen und sich danach erkundigen, ob auch diese die Geräusche wahrnehmen bzw. sogar darunter leiden.

Wenn ja, wäre ein Gespräch mit der Nachbarin sinnvoll. Gegebenenfalls müsste das Thema sogar auf die Tagesordnung der nächsten Eigentümerversammlung gesetzt werden. Im Notfall bleibt nur eine Unterlassungsklage (Vermeidung zu lauter Geräusche), in deren Rahmen Sie aber beweispflichtig sind. All das wäre sicherlich peinlich – für die Nachbarin aber vermutlich eher als für Sie. Deshalb halten wir es zunächst für sinnvoll, ein Gespräch unter vier Augen zu führen. Auch das mag zwar unangenehm sein. Aber Sie müssen entscheiden, ob dies oder die weitere Hinnahme der Lärmbelästigung das größere Problem ist.

Außerdem kann man das Thema ja diplomatisch angehen, indem Sie in einem ansonsten harmlosen Gespräch einfließen lassen, dass es offensichtlich bei der Dame mal wieder heiß hergegangen wäre. So könnten Sie die Nachbarin darauf aufmerksam machen, dass alle Geräusche aus der Wohnung für Sie gut wahrnehmbar sind. Vielleicht ist der Dame dies gar nicht bewusst, sie dankbar für den Hinweis, und das Problem erledigt sich dann von selbst.

Können wir verlangen, dass der Vermieter unsere Fenster putzt?

Liebe Redaktion,
wie Sie kürzlich berichtet haben, muss man als Mieter Fenster und Türen nur von innen streichen, aber nicht von außen – und wenn etwas anderes im Mietvertrag steht, ist es ungültig. Das finden wir gut! Aber was ist mit Fensterputzen? Bislang haben wir unsere Fenster von innen und von außen geputzt. Nach der aktuellen Rechtslage müssten wir das aber doch gar nicht mehr machen, oder? Es scheint ja so zu sein, dass wir Mieter für die Pflege von innen zuständig sind und der Hausbesitzer alle Außenarbeiten übernehmen muss. Können wir also vom Vermieter verlangen, dass er unsere Fenster von außen putzt?

Eine Leserin, die glaubt, trotz schmutziger Fenster
den richtigen Durchblick zu haben

Sehr geehrte Leserin,
richtig ist, dass Mieter für das Streichen der äußeren Fensterrahmen nach der ständigen Rechtsprechung nicht zu-

ständig sind. Mit dem regelmäßigen Fensterputzen allerdings haben sich die Gerichte bisher nicht auseinandergesetzt. Lediglich zum Fensterputzen beim Auszug hat der Bundesgerichtshof (Az. VIII ZR 124/05) entschieden, dass der Mieter keine besonderen Reinigungspflichten bezüglich der Fenster zu erfüllen hat. Steht im Mietvertrag die übliche Klausel, wonach die Wohnung besenrein zu übergeben ist, müssen nicht vorher noch die Fenster geputzt werden. In so einem Fall wäre also der Vermieter für das Putzen von innen und außen zuständig.

Ob allerdings vom Vermieter nun ein regelmäßiges Fensterputzen verlangt werden kann, ist eher zu bezweifeln. Denn in den meisten Mietverträgen ist geregelt, dass der Mieter die Wohnung pfleglich zu behandeln hat – und dazu gehört üblicherweise auch das Fensterputzen. Allerdings kann der Vermieter nach Auskunft von Mietervereinen keine Vorschriften dazu erlassen, wie oft die Fenster in der eigenen Wohnung zu putzen sind. Anders ist es bei Treppenhausfenstern, für deren Reinigung der Mieter im Rahmen seiner vertraglichen Putzpflicht im Treppenhaus zuständig ist.

Nach Ansicht unserer Rechtsexperten lässt sich eine Putzpflicht des Vermieters für die Fenster nicht durchsetzen. Dabei aber kommt es wesentlich auch auf den jeweiligen Mietvertrag und die Hausordnung an. Ein Anwalt müsste prüfen, ob sich im Einzelfall eine andere Betrachtungsweise ergibt. Nur so ist eine rechtsverbindliche Einschätzung möglich.

**Meine Nachbarn machen mich wahnsinnig.
Wie kann ich mich wehren?**

*Sehr geehrte Redaktion,
ich wohne seit vielen Jahren in einem Dreifamilienhaus.
Der Vermieter lebt ca. 20 Kilometer weiter weg und interessiert sich nicht dafür, wie es im Haus zugeht. Auch halten es die anderen Mieter nicht für nötig, sich an Recht und Gesetz, Hausordnung und Vorschriften zu halten. Besonders die unter meiner Wohnung lebende Familie lebt und wohnt, wie es ihr passt. Lärmbelästigungen sind an der Tagesordnung. Vor 20 Jahren waren die beiden Kinder der Mieterin 1 und 3 Jahre alt und total laut. Viele Besucher tagsüber waren in der Wohnung mit Kindern, und entsprechend laut und störend ging es dort zu. Die Kinder hüpften stundenlang von irgendwelchen Schränken, trampelten durch die Wohnung mit großem Geschrei und Gekreische. In den Sommermonaten hatte die Mieterin viele Gäste auf dem Balkon direkt unter meinem Schlafzimmer. Bis nachts war auf dem Balkon großes Hallo, oft wurde noch der Grill in Betrieb gesetzt, und der fette Rauch zog direkt in mein Schlafzimmer. Aus anderen Wohnungen hört man immer wieder lautes Klopfen, Hämmern und Bohren, sogar schon frühmorgens! Ein Mieter hält einen Hund, der keine Ruhezeiten einhält, sondern selbst mittags bellt. Im ganzen Haus sind wüste Partys bis in die Morgenstunden mit Krach und Radau keine Seltenheit. Jetzt hat sich der Sohn einer Familie unten im Keller häuslich eingerichtet – ohne sanitäre Anlagen! Darf man*

überhaupt in einem Kellerraum ohne Toilette und Wasser wohnen? Er schläft dort auch, und er und seine Kumpane rauchen so stark, dass der Rauch von unten bis zu mir durch die Türspalte dringt! Und jetzt der Gipfel: Der Vermieter behauptet, ich würde mit meinen dauernden Beschwerden den Hausfrieden stören, und wenn ich das nicht sein lasse, müsse ich ausziehen! Dabei haben doch die anderen schuld, nicht ich! Meine Nachbarn machen mich wirklich wahnsinnig – wissen Sie, wie ich mich gegen all diese Frechheiten und Belästigungen wehren kann?

Eine Mieterin, die von Barbaren
umzingelt zu sein scheint

Sehr geehrte Leserin,
zwar böten einige der von Ihnen dargestellten Belästigungen eine Handhabe, die Miete geringfügig zu kürzen. Allerdings hätten Sie dann aber Dauerstreit mit dem Vermieter hinzunehmen. Sinnvoller wäre, bei aktuellen Problemen wie nächtlicher lauter Musik die Polizei zu rufen und wegen des Wohnens im Kellerraum der Bauprüfabteilung des Ortes einen Hinweis zu geben. Rauchen im Haus kann anderen jedoch nicht verboten werden, und Bauarbeiten an Wochentagen sind im Normalfall ab sieben Uhr früh zulässig.

Die Drohung des Vermieters, Ihnen zu kündigen, ist allerdings nicht ernst zu nehmen. Angesichts der von Ihnen geschilderten Umstände hätte die Kündigung wegen Störung des Hausfriedens vor Gericht wohl keinen Bestand. Zu überlegen wäre aber, ob nicht ein Wohnungswechsel infrage käme. Denn angesichts Ihrer Schilderungen scheint es so noch am ehesten möglich, dass Sie Ihren Frieden finden.

Kann ich als Allergiker verlangen, dass die Nachbarn ihren Baum fällen?

Sehr geehrte Damen und Herren!
Mein Mann hat eine Haselnussallergie. Wenn er von der Arbeit kommt, spürt er es besonders. Darum haben wir im Garten unsere Stauden ab-

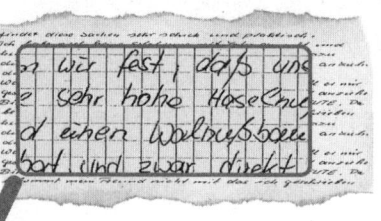

geholzt. Jetzt stellten wir fest, dass unser Nachbar eine sehr hohe Haselnuss-staude und einen Walnuss-baum gepflanzt hat, und zwar direkt vor unserem Haus ca. 7 Meter entfernt. Können wir das Abholzen des Walnussbaums und der Stauden vom Nachbarn verlangen?
Eine Leserin, die eine harte Nuss
zu knacken hat

Sehr geehrte Leserin,
generell ist es leider nicht möglich, wegen der Allergie Ihres Mannes den Nachbarn zur Beseitigung seiner Haselnuss-staude zu zwingen. Denn auch weiter entfernt stehende Pflanzen könnten die Allergie auslösen. Bestünde hier ein Beseitigungsanspruch, müssten bundesweit und auch außerhalb der Landesgrenzen vor allem sämtliche Birken gefällt werden, denn die Birkenpollen-Allergie ist noch verbreiteter.

Ein Anspruch auf Beseitigung von Anpflanzungen kann allenfalls dann bestehen, wenn der Nachbar die Pflanzabstände zur Grundstücksgrenze nicht einhält. Je nach Pflanzenart und Wuchshöhe können das mehrere Meter sein. Entscheidend ist dafür immer das Nachbarrecht des jeweiligen Bundeslandes bzw. die Ortssatzung. Dazu können Sie sich im für Sie zuständigen Rathaus informieren.

Wer zahlt meine Miete, wenn ich im Knast sitze?

Sehr geehrte Redaktion,
das Gerichtsverfahren hat gerade erst begonnen, aber mein Anwalt hat mich schon mal vorgewarnt, dass ich mich lieber auf eine etwas längere Haftstrafe einstellen sollte. Aus welchem Grund ich angeklagt bin, ist hier nicht von Belang. Doch eine Frage brennt mir unter den Nägeln: Wer zahlt eigentlich meine Miete, wenn ich im Knast sitze? Ersparnisse hab ich nicht, aber meine vier Wände will ich unbedingt behalten! Gibt es ein Amt, das dafür zuständig ist?

Ein Leser, der mit dem Problem eines unfreiwilligen »doppelten Wohnsitzes« ringt ...

Sehr geehrter Leser,
bei kurzen Haftstrafen ist das Sozialamt – nach eingehender Prüfung des jeweiligen Einzelfalls – oft bereit, die Mietkosten zu übernehmen bzw. in Form eines Darlehens zu gewähren. Allerdings nur, wenn die Freiheitsstrafe lediglich ein paar Wochen oder Monate dauert. Ein entsprechender Antrag sollte vor Haftantritt bei dem Amt gestellt werden, das auch für den bisherigen Wohnort zuständig ist.

Bei längerem Gefängnisaufenthalt sieht die Sache anders aus. Dann ist der Staat nicht verpflichtet, öffentliche Mittel für den Erhalt einer unbenutzten Wohnung bereitzustellen. Aus wirtschaftlicher Hinsicht wäre das auch unverantwortlich. Vor allem, da Mietkosten z.B. bei einer mehrjährigen Haftstrafe durchaus im fünfstelligen Eurobereich liegen!

Vor diesem Hintergrund empfehlen wir Ihnen, sich sofort (in jedem Fall aber rechtzeitig vor Haftantritt) mit Ihrem Vermieter in Verbindung zu setzen und die Karten offen auf den Tisch zu legen. Dann gibt er eventuell sein Einverständnis dafür, dass die Wohnung für die Zeit Ihrer Haftstrafe untervermietet werden könnte. So hätten Sie keine Mietkosten, und die Wohnung bliebe Ihnen grundsätzlich erhalten. Besteht diese Möglichkeit nicht, sollten Sie zumindest versuchen, eine kürzere Kündigungsfrist als die reguläre auszuhandeln. Die Chancen dafür stehen nicht schlecht. Denn da Sie über keine Ersparnisse verfügen, wird für den Vermieter absehbar sein, dass Sie recht schnell Mietschulden anhäufen werden – was nicht in seinem Interesse sein kann. Mit Sonderkündigungsrecht kämen Sie wenigstens früher aus dem Mietvertrag heraus und würden dadurch Geld sparen, das Sie nach Verbüßung Ihrer Strafe gut für einen Neuanfang gebrauchen können. Wir hoffen, dass wir Ihnen ein wenig weiterhelfen konnten, und wünschen Ihnen für Ihre Zukunft alles Gute!

Was tun gegen volle Windeln vorm Wohnzimmerfenster?

Liebe Redaktion,
wir wohnen in einer Reihenhausanlage. Die Grundstücke

sind klein, so dass man doch sehr aufeinander sitzt. Aus
unserem Wohnzimmer gucken wir auf den Eingang der
nächsten Reihe. Dort wohnt ein altes Ehepaar, das von ei-
nem Pflegedienst versorgt
wird. Dafür haben sie den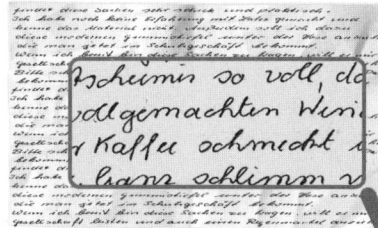
Ascheimer aus der Box an
der Straße vor die Haus-
tür gestellt. Dieser Asch-
eimer wird nur mit be-
nutzten Windeln gefüllt.
Am Sonnabend ist der
Ascheimer so voll, dass wir nur noch auf vollgemachte
Windeln gucken! Unser Kaffee schmeckt uns bald nicht
mehr. Ganz schlimm wird es, wenn der Pflegedienst ver-
gisst, die Ascheimer an die Straße zu stellen, dann haben
wir die ganze Woche was davon. Was können wir gegen
diese Zumutung unternehmen?

Eine Leserin, deren Nervenkostüm
mittlerweile windelweich ist

Sehr geehrte Leserin,
generell wird es kaum eine rechtliche Möglichkeit geben,
dem anderen Eigentümer Vorschriften bezüglich seiner
Mülltonne zu machen. Schließlich handelt es sich um sein
Grundstück. Allenfalls könnte sich dies ändern, wenn Ge-
ruchs- oder Ungezieferbelästigung entsteht. Gegen eine
vom Nachbargrundstück ausgehende Geruchsbelästigung
kann man sich unter anderem mit einer Unterlassungsklage
gegen den Nachbarn wehren. Bei Ungezieferbelästigung
wäre auch eine Einschaltung der Behörden zur Durchset-
zung geordneter Umstände möglich.

Wann muss mein Hund die Schnauze halten?

Sehr geehrte Damen und Herren,
mein Wotan ist ein treuer und verlässlicher Bullmastiff,
der wegen seines Temperaments natürlich gelegentlich
recht energisch anschlägt. Mein Gott, er ist ein Hund, da
gehört Bellen ja wohl dazu! Das sehen meine Nachbarn
allerdings anders, die sehnen sich nach Friedhofsruhe.
Jedenfalls haben sie mich beim Vermieter angeschwärzt,
und der macht mir jetzt die Hölle heiß. Wotan soll sich ge-
fälligst an seine »Bellzeiten« und ansonsten die Schnauze
halten, sonst soll ich ausziehen bzw. den Hund abschaf-
fen. Was ist denn das für eine irre Mietvorschrift, seit
wann gibt es offiziell »Bellzeiten«? Das wäre ja das
Neueste, was ich höre. Kommt mein Vermieter damit
durch, obwohl er mir beim Einzug ausdrücklich Hunde-
haltung erlaubt hatte?

Ein tierlieber Leser,
dessen Hund viel Lärm um nichts macht

Sehr geehrter Leser,
zwar können wir Ihre Verärgerung teilweise nachvollziehen, trotzdem müssen wir Ihnen mitteilen, dass es Hun-
den sehr wohl untersagt ist, zu allen Tages- und Nacht-
zeiten zu bellen. Im Klartext heißt es, dass ständiges
Gekläffe von den Nachbarn nicht hingenommen werden
muss!

Für einen tierlieben Hundebesitzer wie Sie mag es
schwierig sein, den Vierbeiner zum Schweigen zu bringen,
aber Sie können dazu verdonnert werden! Denn es gibt tatsächlich konkrete »Bellzeiten« für Hunde: Vor sieben Uhr

morgens und nach 19 Uhr abends sowie in der Mittags-
ruhe von 13 bis 15 Uhr haben sie die Schnauze zu halten,
lautet ein Gerichtsentscheid.

Wie ein Hundebesitzer das anstellt, ist sein Problem. Nur
dürfen sich die Nachbarn nicht gestört fühlen. Sonst droht
Mietern die Kündigung. Kommt es unter Eigentümern zum
Streit ums Gebell, kann der lärmgeplagte Nachbar mit
einer Unterlassungsklage vor Gericht für Ruhe sorgen.
Bellt der Hund trotzdem weiter, droht seinem Herrchen
eine Geldstrafe oder schlimmstenfalls sogar Haft.

Was können wir machen,
wenn unsere Nachbarn stinken?

Werte Damen und Herren!
*Meine Frau und ich wohnen in einem Zehnfamilienhaus im
obersten Stock. Fast täglich haben wir den Küchenmief
von den Nachbarn bei uns in der Wohnung. Da die anderen Bewohner beim Kochen keine Küchenfenster öffnen,*

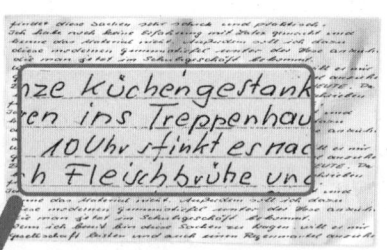

*dringt der ganze Küchen-
gestank durch die Woh-
nungstüren ins Treppen-
haus. Um 10 Uhr stinkt
es nach Knoblauch, um
12 Uhr nach Fleisch-
brühe und abends nach
Braten. Bei uns im letz-
ten Stock staut sich der ganze Gestank und das sogar
durch die Wohnungstür. Der Hausbesitzer meint, wir
sollen nicht so empfindlich sein. Aber die Nachbarn*

stinken wirklich so! Trotzdem wurde uns verboten, die Fenster im Treppenhaus zu öffnen, damit wenigstens da etwas Frischluft reinkommt. Darf man uns das untersagen?

Ein Leser mit gutem Riecher
für brisante Themen

Sehr geehrter Leser,
grundsätzlich könnte der Vermieter das Öffnen der Fenster im Treppenhaus tatsächlich untersagen. Dabei könnte er sich z.B. auf Sicherheitsbedenken berufen oder darauf, dass Durchzug verhindert werden soll. Lediglich innerhalb Ihrer eigenen Wohnung kann man Ihnen keine Vorschriften machen, wann und wie lange Sie welche Fenster öffnen.

Ansonsten hat der Vermieter dann einzuschreiten, wenn sich die Mieter nicht an die Hausordnung halten. Allerdings sind normalerweise Küchengerüche im Treppenhaus bzw. das Kochen von Speisen nicht als Verstoß zu sehen.

Der Vermieter kann den Mietern auch nicht verbieten zu kochen oder gar vorschreiben, welche »geruchsneutralen« Lebensmittel benutzt werden dürfen. Nach den uns vorliegenden Urteilen ist »Küchenmief« darum auch kein Minderungsgrund, sondern muss ohne Recht auf eine Mietkürzung hingenommen werden. In extremen Fällen könnten Anwälte oder Vertreter eines Mietervereins aber nach einer Ortsbesichtigung und einer »Riechprobe« auch zu einer anderen Einschätzung der Situation kommen.

Muss ich mich vom Nachbarn als Diebin beschimpfen lassen?

Hallo liebe Redaktion,
ich verstehe die Welt nicht mehr und brauche dringend Ihren Rat! Ich wohne seit 23 Jahren in einem Haus mit Garten. Nebenan lebte bis vor kurzem ein altes Ehepaar, das sein Grundstück etwas verwildern ließ. Jetzt sind sie ins Heim gezogen, und der neue Nachbar legt es auf Streit mit mir an. Jahrelang habe ich alle Früchte, die von den Obstbäumen nebenan zu mir rüberwuchsen, abgeerntet und wunderbare Marmelade daraus gekocht. Nie hat es irgendein Geschrei darum gegeben. Warum sollte es auch, schließlich befinden sich diese Zweige (mit den Früchten) ja auf meinem Grundstück! Trotzdem beschimpft mich dieser Nachbar nun auf offener Straße als »Obstdiebin«, angeblich würde ich stehlen, was ihm gehört. Das ist doch wohl die Höhe! Ich bin eine rechtschaffene Bürgerin und habe noch nie etwas Ungesetzliches getan! Kann ich den Kerl wegen Beleidigung oder übler Nachrede belangen?
Eine Leserin, die von verbotenen Früchten
genascht hat, ohne es zu wissen

Sehr geehrte Leserin,
es tut uns leid, dass Sie sich so viel Ärger nur wegen ein paar Früchten eingehandelt haben. Und mit Ihrer Vermutung, dass man ernten darf, was vom Nachbarn über den Zaun wächst, stehen Sie nicht allein. Tatsächlich handelt es sich dabei aber um einen sehr weit verbreiteten Irrtum. Für den Gesetzgeber ist der Sachverhalt eindeutig, er nennt es Diebstahl! Hintergrund: Nach § 911 BGB gehören Früch-

te, die an Zweigen jenseits der Gartengrenze wachsen, weiter dem Besitzer des Baumes oder Strauches.

Obwohl Ihr Nachbar also ohne Zweifel sehr unhöflich zu Ihnen ist, ist seine juristische Bewertung der Situation richtig. Um weiteren Streit zu vermeiden, möchten wir Ihnen nahelegen, das Pflücken der Früchte zukünftig zu unterlassen. Sollten allerdings von den auf Ihr Grundstück wuchernden Zweigen Früchte herunterfallen und auf Ihrem Boden landen, so gehören sie wirklich Ihnen und Sie dürfen damit machen, was Sie wollen – natürlich auch Marmelade kochen.

Vielleicht hilft es Ihnen auch, das Folgende zu wissen: Verunreinigt Fallobst ein fremdes Grundstück über die Maßen, muss der Baumbesitzer die Früchte selbst entfernen. Ebenso hat er Pflanzen und Bäume zu beschneiden, wenn sie über den Zaun wachsen. Weigert er sich, darf man einen Gärtner beauftragen. Die Kosten sind als Schadenersatz vom Nachbarn einzuklagen. Dasselbe gilt bei Verschmutzungen durch zu viel Fallobst. Bevor Sie aber nun mit solch harten Bandagen »aufwarten«, sollten Sie alles daransetzen, sich gütlich mit dem Nachbarn zu einigen. Vielleicht lässt er sich ja mit einem Glas Ihrer köstlichen Marmelade versöhnlich stimmen.

Kapitel 6

Finanzen – die ganze Welt dreht sich ums Geld

Geld ausgeben macht Spaß und ist ganz einfach. Und weil es so einfach ist, auch mehr auszugeben, als man hat, wenden sich viele Leser vertrauensvoll an uns. Einige auch, weil sie uns mit dem Weihnachtsmann zu verwechseln scheinen. Denn da werden wir bzw. die Redaktionen dann ungeniert um einen Zuschuss für den nächsten Mallorca-Urlaub oder schlicht um eine »großzügige Spende« gebeten. Doch so dreist diese Anfragen auch sein mögen, wir bemühen uns um Fassung – und um eine seriöse Beantwortung. Unser Mitgefühl gilt allerdings eher denjenigen Lesern, die sich im bürokratischen Dschungel aus Steuerformularen, Kontoauszügen, Rentenbescheiden und Kaufverträgen verirrt haben.
Und unser Ziel ist es, ihnen da wieder herauszuhelfen, ganz ohne Fachchinesisch oder erhobenen Zeigefinger. Und obwohl Geld ja eine ernste Angelegenheit ist, gibt es immer mal wieder Zuschriften zu diesem Thema, die uns zum Lachen bringen. Schmunzeln Sie doch mal mit!

Können Sie mir mal helfen, im Preisausschreiben zu gewinnen?

Sehr geehrte Damen und Herren!
Ich habe einen ganz großen Wunsch. Es geht um mein Le-
ben. Ich habe 110 000 Euro Schulden, bin 29 Jahre alt,
zurzeit arbeitslos, zweifa-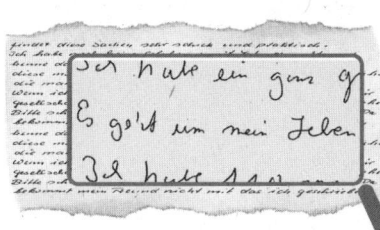
che Mutter, und mir kann
keiner im Leben helfen,
die Schulden abzubezah-
len. Es wäre wunderbar,
endlich mal bei einem
Ihrer Preisausschreiben zu
gewinnen. Dann wäre ich meine größten und schwersten
Sorgen los! Können Sie mir nicht dabei helfen?

Eine Leserin, die dem »Zufall« auf die
Sprünge helfen möchte

Sehr geehrte Leserin,
leider können wir der Glücksfee nicht ins Handwerk pfu-
schen und Sie bevorzugen – wofür Sie sicherlich Verständnis haben, zumal uns solche Eingriffe auch unter rechtlichen Gesichtspunkten nicht erlaubt sind. Dann müssten
wir nämlich auch allen anderen Lesern diesen Wunsch erfüllen.

Außerdem wäre angesichts unserer Gewinne und Ihrer
Schulden von über 100 000 Euro dies auch nur ein Tropfen
auf den heißen Stein. Besser wäre, Sie wenden sich an eine
seriöse Schuldnerberatung, die Ihnen innerhalb von sechs
Jahren zum Erlass aller alten Schulden verhelfen kann.
Eine Beratungsstelle in Ihrer Nähe kann man Ihnen auf

dem für Sie zuständigen Rathaus oder auch bei gemeinnützigen Organisationen wie der Arbeiterwohlfahrt, der
Caritas oder dem Diakonischen Werk nennen.

Wie werde ich Falschgeld am besten wieder los?

Sehr geehrte Damen und Herren,
vor kurzem war ich mit einem Freund auf einem Floh-
markt, wo wir einmal im Jahr unseren eigenen und den
Trödel von Nachbarn zum Kauf anbieten. Diesmal waren
wir besonders erfolgreich und freuten uns über eine Ein-
nahme von 350 Euro. Die Freude währte aber nicht lange.
Als ich zu Hause meiner Frau ganz stolz die Scheine auf
den Tisch blätterte, griff sie sich mit spitzen Fingern einen
50-Euro-Schein heraus, rollte die Augen und wedelte da-
mit vor meiner Nase herum. »Du lässt dir ja wirklich jede
noch so miese Blüte unterjubeln.« Und tatsächlich hatte
mir da jemand einen »falschen Fünfziger« untergejubelt.
Jetzt weiß ich nicht, was ich damit anfangen soll. Zuerst
wollte ich ihn so schnell wie möglich dem nächsten Trottel
(wie ich einer war) andrehen. Andererseits ist der Schein
wirklich ziemlich schlecht gemacht. Man sieht eigentlich
sofort, dass er unecht ist. Warum mir das auf dem Floh-
markt nicht selbst gleich aufgefallen ist, kann ich mir auch
nicht erklären. Haben Sie einen Tipp für mich, wie ich
mein Falschgeld schnell und unauffällig wieder unter die
Leute bringe? Schließlich möchte ich nicht auf dem finan-
ziellen Schaden sitzen bleiben!

Ein geprellter Leser, der erfahren musste,
dass der Schein manchmal trügt

Sehr geehrter Leser,
Sie schreiben, dass Sie nicht auf dem Schaden sitzen bleiben möchten, aber Sie werden es wohl oder übel müssen. Haben Sie Falschgeld angenommen, ohne es zu merken, dann tragen Sie den finanziellen Schaden selbst. Außerdem sind Sie gesetzlich dazu verpflichtet, die falsche Banknote bei der Polizei abzuliefern – Ersatz gibt es nicht.

Ganz riskant ist der Versuch, die Fälschung schnell einem anderen unterzuschieben. Probieren Sie das in Ihrem eigenen Interesse bitte gar nicht erst aus. Denn sollten Sie erwischt werden, drohen Ihnen eine Geld- bzw. sogar eine Haftstrafe bis zu fünf Jahren!

Sie können aber verhindern, dass man Ihnen in Zukunft »Blüten« andreht, indem Sie Geldscheine immer einer kurzen optischen Prüfung unterziehen. Nach Erfahrungen der Polizei sind bei Falschgeld nie alle Sicherheitsmerkmale gleichzeitig (z.B. das Wasserzeichen, der Sicherheitsfaden, das Hologramm usw.) perfekt nachgeahmt. Meist ist zumindest ein Merkmal so unprofessionell imitiert, dass man den Schein auch ohne Spezialkenntnisse als Fälschung entlarven kann. Verweigern Sie in diesem Fall seine Annahme, so entsteht Ihnen gar nicht erst eine finanzielle Einbuße.

Darf meine Frau einfach ein eigenes Konto eröffnen?

Sehr geehrte Redaktion,
meine Frau und ich sind im Ruhestand, sie bezieht zusätzlich noch eine Unfallrente. Während unserer gesamten Ehe

hatten wir ein gemeinsames Konto, das ich verwalte. Jeden Monat erhält sie von mir ausreichend Kostgeld zugeteilt. Ich weiß nicht, was in sie gefahren ist, aber vor ein paar Wochen hat meine Frau einfach so ein eigenes Konto eröffnet. Dorthin wird jetzt ihre Unfallrente überwiesen. Ich bin fassungslos. Darf sie das? Und wie bringe ich meine Frau zur Räson?

Ein Leser, der Gleichberechtigung für eine
Einbahnstraße zu halten scheint

Sehr geehrter Leser,
selbstverständlich darf Ihre Frau ein eigenes Konto eröffnen. Und da es sich um ihre Rente handelt, kann sie die auf ein Konto eigener Wahl überweisen lassen. Das kann ein gemeinsames Konto der Eheleute oder eben auch das nur auf den Namen Ihrer Frau lautende Konto sein.

Generell ist es weder durch Urteile noch Gesetze geregelt, ob Eheleute ihre Finanzen mit getrennten oder gemeinsamen Konten regeln. Der Grund dafür ist, dass der Staat in die finanziellen Angelegenheiten einer bestehenden Ehe nicht eingreifen will. Lediglich für den Trennungs- oder Scheidungsfall sind Entscheidungen von Gerichten oder gesetzliche Vorschriften heranzuziehen.

Solange eine Ehe besteht, wird jedoch erwartet, dass sich die Ehegatten untereinander abstimmen. Das gilt übrigens auch in der Frage, wem wie viel Taschengeld zur Verfügung steht und was er damit macht. Und so eine Abstimmung sollte Ihnen und Ihrer Frau doch sicherlich auch gelingen.

Kann ich beim Finanzamt meine neue Waschmaschine absetzen?

Sehr geehrte Damen und Herren,
heute hätte ich mal eine Frage an Ihre Experten: Ist eine Waschmaschine steuerlich absetzbar? Gibt es auch darüber einen Gerichtsbeschluss?

Ein Leser, der auf saubere Weise
seine Steuerlast senken möchte

Sehr geehrter Leser,
grundsätzlich sind steuerlich nur Ausgaben für solche Dinge absetzbar, mit denen man Einnahmen erzielen will. Das ist mit einer Wachmaschine nicht der Fall – es sei denn, Sie wollen eine Wäscherei eröffnen. Ansonsten haben Sie nur die Möglichkeit, Ihnen entstehende Kosten fürs Waschen von eigener Berufskleidung in der Steuererklärung geltend zu machen.

Soll ich mein Haus verschenken, um Geld zu sparen?

Sehr geehrte Redaktion,
ich brauche einen Rat von Ihnen. Mein Mann ist plötzlich verstorben und hinterließ mir nur Schulden. Ich komme nicht aus all den Versicherungen heraus, insgesamt sind es 19 Stück. Im Monat muss ich über 300 Euro dafür bezahlen. Ich bekomme eine kleine Rente von 394 Euro, davon muss ich meine Kinder und mich ernähren. Wenigstens

habe ich auch unser Auto und das Einfamilienhaus geerbt, das schuldenfrei ist. Nun habe ich einen anderen Mann kennengelernt. Er meinte, ich solle mit ihm eine Schenkung für Haus und Auto vereinbaren beim Notar. Dann bräuchte ich die Versicherungen nicht mehr zahlen. Er meinte, diese Schenkung könnte ich jederzeit rückgängig machen. Teilen Sie mir doch bitte mit, wie ich mich verhalten soll.

Eine gutgläubige Leserin, deren Vertrauen hoffentlich nicht missbraucht wird

Sehr geehrte Leserin,
von der angeregten Schenkung an Ihren neuen Freund möchten wir Ihnen dringend abraten. So eine Schenkung kann nämlich nicht ohne weiteres rückgängig gemacht werden. Und im schlimmsten Fall, sollte Ihr neuer Freund es nicht ernst mit Ihnen meinen, stehen Sie später ohne alles da. Sinnvoller wäre, der Reihe nach alle unnötigen Versicherungen zu kündigen. Dabei kann Ihnen die Verbraucherzentrale helfen. Zur Linderung vorübergehender Finanzengpässe könnten Sie bei der oder den vorhandenen Lebensversicherungen Policendarlehen aufnehmen oder auch eine Grundschuld auf das Haus eintragen lassen. Auch sollte überlegt werden, ob das schuldenfreie Haus verkauft werden könnte, kleineres Wohneigentum angeschafft wird und Sie auf diese Weise ein Finanzpolster anlegen können.

Kritisch und hellwach überprüfen sollten Sie jedoch die

Interessen, die Ihr neuer Freund möglicherweise hegt. Wir haben da angesichts des merkwürdigen Tipps mit der Schenkung ein ganz schlechtes Gefühl, wünschen Ihnen aber, dass wir uns irren ...

Darf mir das Finanzamt mein Auto wegnehmen?

Sehr geehrte Redaktion,
mein Exmann und ich führten gemeinsam einen Imbiss. Bei unserer Scheidung überschrieb ich den Dönerladen auf meinen Ex. Nach einer Tiefenprüfung vom Finanzamt sollten wir plötzlich 3 000 Euro Steuern nachzahlen. Der Imbiss lief aber so schlecht und warf so wenig Geld ab, dass mir diese Summe viel zu hoch erschien. Weil ich absolut pleite war, konnte ich der Zahlungsaufforderung vom Amt aber sowieso nicht nachkommen. Da nahm mir das Finanzamt einfach mein Auto weg! Und erst gegen Bezahlung der Abschleppkosten erhielt ich es schließlich zurück. Zwei Monate später wollte ich meine Mutti besuchen und musste feststellen, dass mein Auto schon wieder weg war! Mir wurde dann von der Polizei mitgeteilt, dass das Finanzamt Interesse daran hätte. Diesmal bekam ich den Wagen nicht wieder, denn er sollte im Internet verscherbelt werden! Mir wurden dadurch Kosten von 250 Euro aufgebrummt, dabei ist der Wagen nicht mal mehr 50 Euro wert! Kann es sein, dass das Finanzamt ein wertloses Auto zweimal pfändet? Weiß in der Behörde die rechte Hand nicht, was die linke tut?
Eine Leserin, die sich nicht gern das Steuer und die Steuern aus der Hand nehmen lässt

Sehr geehrte Leserin,
grundsätzlich hat das Finanzamt das Recht, seine Forderungen auch mit Pfändungen einzutreiben. Dies gilt unabhängig von den Kosten und Ärgernissen, die dem Zahlungspflichtigen dadurch entstehen. Im Normalfall ist aber auch eine Ratenzahlung mit dem Finanzamt zu vereinbaren, die dann weitere Unannehmlichkeiten verhindern kann.

Ob es sinnvoll ist, hier Rechtsmittel einzulegen, kann nur ein Steuerberater prüfen und beurteilen, der dann auch für Sie tragbare Zahlungsbedingungen mit dem Finanzamt aushandeln kann.

Ganz offensichtlich aber sind Sie mit Ihrer Selbständigkeit in eine Falle getappt, deren Existenz vielen unerfahrenen Geschäftsgründern nicht bekannt ist. Denn von allem Geld, was durch den Verkauf an Kunden in Ihre Kasse kommt, steht dem Finanzamt sofort (monatlich oder vierteljährlich) die Mehrwert- bzw. Umsatzsteuer zu – unabhängig davon, ob nach Abzug dieser Steuer die Einnahmen für Sie ausreichend sind oder Sie sogar ein Minus machen. Deshalb empfehlen wir Ihnen wie allen anderen, die den Sprung in die Selbständigkeit wagen wollen, unbedingt den Besuch von Existenzgründerseminaren z.B. bei den Industrie- und Handelskammern.

Konto im Minus – sollen wir die Bank wechseln?

Sehr geehrte Damen und Herren!
Unsere Bank ist sehr unzuverlässig. Seit längerem schon haben wir das Konto überzogen (ca. 3000 Euro). Jeden Monat wird nun einfach etwas nicht abgebucht, z.B. die

Miete, Versicherungsprä-
mien oder die Rate für den
Kredit. Sogar kleine Be-
träge zwischen 6 und 10
Euro werden per Rück-
lastschrift nicht bezahlt.

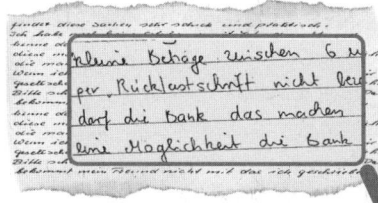

Eine Schlamperei! Kann oder darf die Bank das machen
bzw. gibt es eine Möglichkeit, die Bank zu wechseln? Sol-
len wir ein anderes Institut wählen?

Eine Leserin, die das System mit den roten und
schwarzen Zahlen noch nicht vollständig durchschaut hat

Sehr geehrte Leserin,
grundsätzlich ist eine Bank nicht verpflichtet, bei einer über
das abgesprochene Limit hinausgehenden Belastung des
Kontos weitere Lastschriften oder Daueraufträge auszu-
führen. Denn damit würde sie einen Kredit geben. Das
kann sie, muss sie aber nicht, denn es besteht kein Rechtsanspruch auf Kredit. Jede Bank kann selbst entscheiden, ob
und wie viel sie dem einzelnen Kunden leihen will. Bei einer
für die Bank erkennbar angespannten Finanzlage (dauernde Kontoüberziehung) ist es üblich, dass die Geldinstitute
Kontoverfügungen nicht über den abgesprochenen Kreditrahmen erlauben.

Ein Bankwechsel ist zwar grundsätzlich und immer möglich. Allerdings wird auch ein anderes Geldinstitut nur nach
Prüfung von Sicherheiten einen Kreditrahmen für das Konto
einräumen. Wirkliche Vorteile durch den Bankenwechsel
sind also kaum zu erzielen. Sinnvoller wäre es, mit der bisherigen Bank über Möglichkeiten zu sprechen, die angespann-
te Finanzlage zu entschärfen, z.B. durch Umschuldungen.

Dürfen mich andere auf meine Schulden ansprechen?

Sehr geehrte Redaktion!
Vor etwa einem Jahr bin ich bei meinem ehemaligen Ver-
mieter ausgezogen und in eine Wohnung auf der anderen
Straßenseite eingezogen,
denn mittlerweile hatten
sich einige Mietschulden
angesammelt. Nun habe
ich vom neuen Hausbesit-
zer erfahren müssen, dass
mein ehemaliger Vermie-
ter ihm gesagt hat, dass ich noch Mietschulden bei ihm
habe. Er solle sich nicht wundern, wenn der Gerichts-
vollzieher bei mir ein und aus gehe usw. Aber darf er das
überhaupt? Ich habe nämlich mal gehört, so etwas darf
man gar nicht an Dritte erzählen. Und auch, dass Miet-
schulden nach einer Weile verfallen. Muss ich es mir tat-
sächlich bieten lassen, dass mich andere auf meine Schul-
den ansprechen? Mein neuer Vermieter hat mich wegen
dieser Sache natürlich sofort gelöchert, was ich sehr ner-
vig fand. Daher würde ich mich sehr über ein paar Infos
Ihrerseits freuen. Die Sache ist übrigens noch nicht bei
Gericht.

Ein Leser, der viel Wert auf Diskretion legt,
solange es um sein Verhalten geht

Sehr geehrter Leser,
ein generelles Verbot, anderen von den Schulden eines Drit-
ten zu erzählen, gibt es nicht. Nach der deutschen Verfas-
sung (Grundgesetz) hat vielmehr jeder das Recht, seine

freie Meinung in Wort, Schrift und Bild zu äußern – dies kann auch Aussagen über andere Personen betreffen.

Allerdings dürfen dann keine unwahren oder die Ehre verletzenden Behauptungen aufgestellt werden, die sich nachteilig auf die betreffende Person auswirken können. Geschieht dies aber dennoch und die aufgestellten Behauptungen sind unwahr, kann man sich dagegen wehren. In Ihrem Fall entbehren die gemachten Aussagen allerdings nicht jeder Grundlage – wie Sie wohl selbst am besten wissen.

In jedem Fall kann, um ein streitiges Verfahren vor Gericht zu vermeiden, ein Schiedsmann eingeschaltet werden, über den Sie sich auf der Geschäftsstelle des zuständigen Amtsgerichts informieren können. Auch können Rechtsmittel ergriffen und ein Anwalt eingeschaltet werden.

Ein Irrtum ist es übrigens, dass Mietschulden nach einiger Zeit automatisch verfallen. Zwar beträgt die gesetzliche Verjährungsfrist drei Jahre, und dies kann auch Mietschulden betreffen. Der Gläubiger kann aber z. B. durch ein Gerichtsurteil dafür sorgen, dass diese Verjährung nicht eintritt.

Darf ich als Rentnerin nicht mehr heiraten?

Sehr geehrter Herr Müller-Michaelis,
ich bin sehr froh, dass Sie mir geantwortet haben. Ich wusste, dass ich immer falsche Auskünfte bekommen habe. Mit einer alleinstehenden Frau macht man eben, was man will. Egal, auf was für ein Amt ich auch gehe – es wird nur gelogen!

Jetzt habe ich noch eine Frage: Das Rentenamt sendet

mir jedes Jahr einen Fragebogen und will wissen, ob ich noch lebe. Das ist in Ordnung. Aber bin ich eigentlich verpflichtet, denen Einblick in meine Finanzen zu geben? Sie wissen ja, dass ich noch auf dem Großmarkt arbeite. Können die mir das etwa verbieten? Und außerdem stört mich die Frage vom Rentenamt, ob ich wieder geheiratet habe. Darf ich etwa als Rentnerin nicht mehr heiraten? Das ist ja wohl meine Sache, oder?

Eine quicklebendige Leserin,
der das Amt trotzdem regelmäßig den Puls fühlt

Sehr geehrte Leserin,
selbstverständlich dürfen Sie auch als Rentnerin noch heiraten. Und es ist ganz allein Ihre Sache, ob Sie es tun und auf wen die Wahl fällt. Die gesetzliche Rentenversicherung interessiert sich nur deshalb dafür, weil Sie Witwenrente beziehen. Und die fällt bei einer eventuellen Wiederheirat weg.

Aus einem ähnlichen Grund interessiert man sich auch für Ihre finanziellen Verhältnisse. Zwar ist es Ihnen überlassen, ob Sie noch arbeiten, womit und wie viel Geld Sie verdienen. Doch eigenes Einkommen kann bei der Witwenrente zu einer Kürzung führen. Nach den von Ihnen geschilderten Einkommensverhältnissen droht dies aber nicht.

Ansonsten ist es immer im eigenen Interesse, die Rentenversicherung auf eine Änderung der finanziellen oder Lebensverhältnisse hinzuweisen. Denn über den Datenaustausch unter den Behörden werden alle Änderungen sowieso bekannt. Dann aber kann eine eventuell hohe Rückzahlung an die Rentenversicherung fällig werden. Zu viel ausbezahlte Rente kann unter Umständen sogar für einen Zeitraum von bis zu zehn Jahren zurückgefordert werden.

Geldraub – warum glaubt die Polizei meiner Hellseherin nicht?

Sehr geehrter Geldexperte,
seit mehreren Jahren versuche ich, zu meinem Recht zu kommen, aber vergebens. Das Schicksal ist gnadenlos. Im November vor drei Jahren habe ich auf der Bank 1 300 Euro einbezahlt, und zwei Tage später war das Geld verschwunden, einfach abgebucht! Als ich diesen Bankraub zur Anzeige bringen wollte, wurde ich von der Bank als dement bezeichnet! Man behauptete, ich selbst habe den Betrag abgehoben. Voller

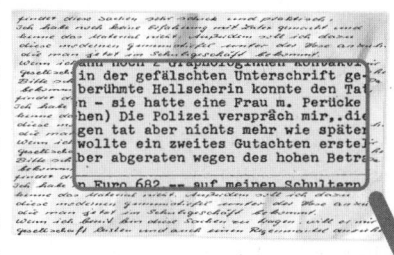

Hoffnung auf ein gutes Resultat ließ ich ein Gutachten erstellen. Nach mehreren Monaten kam das schreckliche Urteil: »Mit sehr hoher Wahrscheinlichkeit können Sie es selbst gewesen sein.«

Daraufhin stürzte ich in ein tiefes Loch, aber meine Devise war schon immer: Bloß nicht aufgeben!

Persönlich habe ich dann noch 2 Graphologinnen kontaktiert, die die Unterschiede in der gefälschten Unterschrift gefunden haben. (Eine berühmte Hellseherin konnte den Tathergang genau beschreiben – sie hatte eine Frau mit Perücke vor dem Schalter gesehen.) Die Polizei versprach mir, die heiße Spur zu verfolgen, tat aber nichts mehr, wie später zu erfahren war. Ich wollte ein zweites Gutachten erstellen lassen, es wurde mir aber abgeraten wegen des hohen Betrages.

Meine Fragen: 682 Euro lasten nun auf meinen Schul-

tern für ein fehlerhaftes Gutachten. Ist es denn für Minder-
bemittelte nicht möglich, günstigere Gutachten zu erstel-
len? Und darf ein Gutachter womöglich nicht gegen eine
renommierte Bank aussagen, um deren Image zu wahren?
Dass es so zugeht, wurde mir von einer Fachperson ver-
raten.

Eine hochbetagte Leserin, die nicht vergeben kann,
aber immerhin vergessen ...

Sehr geehrte Leserin,
grundsätzlich sind wir bemüht, alle Anliegen unserer Leser
aufzuklären. Hierzu aber benötigen wir weitere Angaben
von Ihnen. Gerade Ihr Fall ist von besonderem Interesse.
Denn wir haben noch nie davon gehört, dass eine Hellseherin so zutreffend die Straftat einer ihr unbekannten an
einer weiteren Person vorhergesagt hat. Bitte teilen Sie uns
deshalb zu Ihrem Fall weitere Details mit, unter anderem
den Namen der Hellseherin, der Bankmitarbeiterin sowie
die Nummer des Kontos, von dem das Geld plötzlich verschwunden war. Wir werden diesem Fall dann konkret
nachgehen.

Von der Leserin hörten wir erst einmal nichts mehr, bis uns
volle sieben Monate später diese Antwort erreichte:

Sehr geehrter Herr Müller-Michaelis,
ich komme zurück auf Ihren Brief und möchte Ihnen von
ganzem Herzen danken, dass Sie sich meiner Angelegenheit
angenommen haben.
Inzwischen sind ein paar Monate verstrichen, weil ich
Ihren Brief unglücklicherweise verlegt hatte und nicht mehr

so genau wusste, was ich Ihnen alles einschicken sollte. Nun ist er aber wieder zum Vorschein gekommen. Sie können sich gar nicht vorstellen, welche Freude Sie mir mit Ihrem Brief bereitet haben. Endlich habe ich einen Menschen gefunden, der sich ernstlich der Sache annehmen will nach mehr als drei Jahren des Kampfes!

Nach Durchsicht aller zugeschickten »Beweismittel« sahen wir uns dann aber doch gezwungen, der Leserin die (für sie sicherlich unbefriedigende) abschließende Antwort zu geben:

Sehr geehrte Leserin,
leider kann ich Ihnen nach erneuter Prüfung der Angelegenheit anhand der vorgelegten Unterlagen und der generellen Rechtslage keine Hoffnung machen, dass wir die Sache von hier aus klären können – auch nicht durch Einsichtnahme in weitere eventuell bei Ihnen vorhandene Unterlagen. Erstens sind zwischenzeitlich wichtige Fristen verstrichen, da Sie uns erst jetzt wieder geschrieben haben. Zweitens aber müsste in dem Fall auch vor Ort einiges geklärt werden. Deshalb raten wir, wenn überhaupt noch etwas unternommen werden soll, zur Einschaltung eines Anwalts. Bedenken Sie aber bitte, dass Ihnen dadurch erneut Kosten entstehen können und fraglich ist, ob der Anwalt überhaupt etwas für Sie erreichen kann.

Wir bedauern sehr, dass wir nicht mehr für Sie tun konnten, und wünschen Ihnen viel Glück für die Zukunft!

20 000 Euro Schulden – wie sollen wir nun tanken?

Sehr geehrte Redaktion,
wir sind Rentner und haben 20 000 Euro Schulden. Das be-
trifft das Konto von meinem Mann und mein Konto, mein
Konto ist nicht so hoch
belastet. Mein Mann muss
alle 1/4 Jahr 200 Euro
Zinsen bezahlen. Wir ha-
ben noch 2 Kredite lau-
fen, bezahlen von meinem
Konto 336 Euro monat-

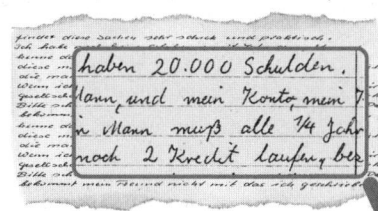

lich. Wollte bei der Bank nochmals einen Kredit aufneh-
men, aber mein Mann ist dagegen. Haben ein Haus, da
haben wir auch Abgaben. Und jetzt müssen wir Öl tanken,
aber wovon, bitte schön, sollen wir das eigentlich noch
bezahlen?

Ein Leserpaar, das von seinen Schulden
zum Winter hin »kalt« erwischt wird

Sehr geehrte Leser,
wir möchten Ihnen dringend von der Aufnahme neuer
Darlehen abraten, wenn Sie bereits Probleme mit den bisherigen haben. Neue Schulden können gerade dann keine
Lösung sein.

Unbedingt empfehlen möchten wir Ihnen aber, sich an
das Wohnungsamt Ihrer Gemeinde bzw. Ihres Kreises zu
wenden. Denn ebenso, wie Mieter Anspruch auf Wohngeld haben, steht dies auch Eigenheimbesitzern zu. Außerdem wäre es zu empfehlen, die missliche finanzielle Situation durch Inanspruchnahme seriöser Hilfe zu lösen.

Deshalb sollten Sie sich an eine Schuldnerberatungsstelle wenden. Adressen erhalten Sie auf dem Rathaus oder bei gemeinnützigen Organisationen, z. B. der Arbeiterwohlfahrt, der Caritas oder dem Diakonischen Werk.

Mich stört der Mitgliedsbeitrag ans Finanzamt. Kann ich bei der Steuer austreten?

Werte Damen und Herren!
Ich bin mit 60 in Rente gegangen. Durch den Behindertenausweis (80%) konnte ich ohne Abzüge gehen. Seit einigen

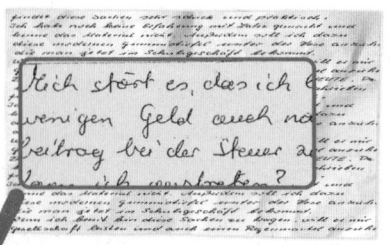

Jahren trage ich zweimal in der Woche Zeitungen aus, um die Rente aufzubessern. Meine Steuererklärung habe ich jedes Jahr gemacht. Mit Rente und Nebenjob habe ich 850 Euro im Monat. Muss ich als Rentner überhaupt noch eine Steuererklärung machen? Mich stört es, dass ich bei dem wenigen Geld auch noch Mitgliedsbeitrag bei der Steuer zahlen muss. Kann ich austreten?

Eine Leserin, die dem Club der Steuerzahler nicht mehr angehören möchte

Sehr geehrte Leserin,
generell ist nach den von Ihnen genannten Renten- und Nebeneinkünften davon auszugehen, dass für Sie keine Steuerpflicht eintritt. Dies wäre erst der Fall, wenn die

Einkünfte deutlich über 1 000 Euro monatlich lägen. Diese Einschätzung beruht aber auf den Faustregeln und allgemeinen Aussagen, die wir zu diesem Thema auch in unserer Zeitschrift geben und auf Ihren Angaben. Rechtsverbindliche Empfehlungen dazu können Ihnen aber nur ein Lohnsteuerhilfeverein oder ein Steuerberater erteilen.

Bei allen, die durch ihr höheres Einkommen steuerpflichtig sind, lässt das Finanzamt allerdings den von Ihnen überlegten »Austritt« nicht zu. Dann müssen leider weiter Steuern als »Beitrag« dafür gezahlt werden, dass Sie Mitglied unseres Staates sind.

Wieso zahlen Tote noch für die Krankenkasse?

Liebe Redaktion,
ich brauche jetzt mal eine verbindliche Auskunft. Sie müssen mir helfen, weil irgendetwas bei der Berechnung meiner Witwenrente nicht stimmen kann!

Bitte schreiben Sie mir, 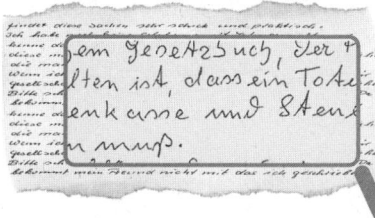 *in welchem deutschen Gesetzbuch der Paragraph enthalten ist, dass ein Toter Krankenkasse und Steuer zahlen muss. Bitte erklären Sie mir das, weil ich es nicht verstehen kann – aber so, dass ich es verstehen kann.*

Eine Leserin, die nicht
an ein Weiterleben nach dem Tod
nur für den Fiskus glauben will

Sehr geehrte Leserin,
gern wollen wir versuchen, Ihnen die Zusammenhänge leicht verständlich zu erklären.

Zunächst einmal müssen natürlich Tote keinen Kassenbeitrag mehr bezahlen. Und auch Steuern können von ihnen nicht verlangt werden – allenfalls müssten Erben für die Steuerschulden eines Verstorbenen eintreten. Und an Tote zahlt auch die Rentenversicherung keine Gelder mehr.

Deshalb geht die Rente Ihres verstorbenen Mannes nicht mehr an ihn, sondern Sie sind nun die Rentenberechtigte, und es handelt sich um Ihre Witwenrente. Und wie bei Ihrer eigenen Rente wird Ihnen auch bei der Witwenrente ein Anteil für die gesetzliche Kranken- und Pflegeversicherung abgezogen. Denn der Beitrag richtet sich immer nach dem gesamten Einkommen – und das haben ja nun allein Sie, nicht Ihr verstorbener Mann. Übersteigt dieses Einkommen bestimmte Grenzen, kann außerdem Steuerpflicht eintreten. Und da beim Tod eines Ehegatten dessen Freibeträge wegfallen, kann die Steuerpflicht durchaus auch neu eintreten, wenn jemand durch Witwen- und eigene Rente mehr als die Hälfte dessen bekommt, was vorher beiden zusammen zugestanden hat.

Kapitel 7

Verbraucherprobleme – Verträge haben nichts mit Vertragen zu tun

Wer etwas kauft, was er dann doch nicht haben möchte, erfährt oft erst zu spät, dass das deutsche Umtauschrecht so seine Tücken hat. Auch mit Versicherungen läuft es nicht immer rund. Viele Leser haben den Eindruck, dass ihre Gesellschaft sich im Schadensfall rein aus Trotz erst mal querstellt, vom Ärger mit unwilligen Dienstleistern ganz zu schweigen. Die heftig geschmähte »Servicewüste Deutschland« hat sich offenbar immer noch nicht flächendeckend in eine blühende Oase verwandelt. Selbst beim vermeintlich harmlosen Gang durch den Supermarkt kann sich Absonderliches ereignen. Zu Recht wehren sich unsere Leser daher gegen Verbraucherfallen, die man ihnen täglich stellt. Und wir versuchen, sie dabei nach Kräften zu unterstützen. In den folgenden Briefen lassen wir Menschen zu Wort kommen, die Probleme aufspüren, von deren Existenz niemand bislang etwas wusste, und die den Mut haben, das Ungewöhnliche zu denken – oder das Unmachbare zu fordern! Folgen Sie diesen einsamen Visionären doch einmal in die unendlichen Weiten ihres phantastischen Parallel-Universums …

**Mein Bumerang ist kaputt, er fliegt nie zurück,
sondern landet dauernd im Nirgendwo. Kann ich das
reklamieren?**

Sehr geehrte Redaktion,
neulich habe ich für meinen kleinen Sohn einen Bumerang
gekauft. Auf der Wiese hinter unserem Haus wollten wir
ihn ausprobieren. Ein Fiasko! Jedes Mal, wenn ich ihn in
die Luft schmiss, landete
das Ding im Nirgendwo,
statt zu uns zurückzuflie-
gen. Ich bin sehr verär-
gert. Nicht nur, dass man
heutzutage als Verbrau-
cher damit leben muss, dass ein Großteil der Produkte be-
reits »ab Werk« mit Mängeln behaftet ist. Nein, auch mein
Ansehen als Vater hat schwer gelitten. Wie stand ich denn
da vor meinem Sohn? Eine peinliche Angelegenheit. Ich
habe den Bumerang genau untersucht, äußerlich ist kein
Defekt zu erkennen. Aber er kommt eben nicht zurück,
und wenn er das nicht macht, kann es sich wohl kaum um
einen Bumerang handeln, Punktum. Kann ich das Teil
reklamieren, obwohl man nicht sieht, dass es kaputt ist?
Ein entnervter Leser, dem der ganz große Wurf
bisher nicht gelingen wollte …

Sehr geehrter Leser,
da das Material keine sichtbare Beschädigung aufweist,
vermuten wir, dass Ihr Bumerang intakt und voll funk-
tionsfähig ist. Und damit ein Bumerang nach dem Abwurf
wirklich zurückgeflogen kommt, bedarf es einer speziellen

Wurftechnik und einiger Übung! Der Bumerang muss in einem bestimmten Winkel mit gleichmäßiger Rotation geworfen werden, um eine kreisförmige Flugbahn einnehmen zu können. Und das gelingt niemandem auf Anhieb. Von daher haben Sie sich keinesfalls vor Ihrem Sohn blamiert. Tipps und Tricks zur korrekten Wurftechnik können Sie sich aber leicht beschaffen, denn in Deutschland wird der Bumerang als Sportgerät immer beliebter. Also ist es sehr wahrscheinlich, dass es auch in Ihrer Nähe einen Bumerang-Club gibt, wo man Ihnen sicherlich gern weiterhilft. Wenn Sie möchten, können Sie den Bumerang auch einmal von den Experten des Clubs in Augenschein nehmen lassen. Stellt sich dabei heraus, dass das Gerät doch einen Defekt aufweist, wird die Reklamation im Geschäft problemlos möglich sein.

Muss die Feuerversicherung auch verbrannte Zigaretten bezahlen?

Hallo liebe Redaktion,
bei meinem Kollegen gab es einen Zimmerbrand. Er
konnte nichts dafür und
hat alle verkokelten Sa-
chen anstandslos von sei-
ner Hausratversicherung
erstattet bekommen. Im
Gespräch über dieses Er-
eignis tauchte bei uns nun
eine Frage auf: Was wäre
eigentlich, wenn man sich gerade eine Stange Zigaretten

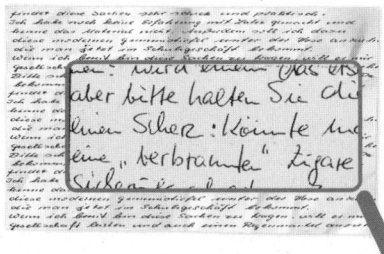

gekauft hat, die bei so einem Wohnungsbrand ebenfalls verbrennen? Wird einem das ersetzt? Und wenn ja – aber bitte halten Sie die Frage nicht für einen Scherz: Könnte man nicht generell seine »verbrannten« Zigaretten bei der Feuerversicherung abrechnen? Ich bin gespannt auf Ihre rechtliche Bewertung!

Eine optimistische Leserin, durch die das Adjektiv »schadenfroh« eine ganz neue Bedeutung erhält ...

Sehr geehrte Leserin,
generell gelten auch zum Verbrauch bestimmte Sachen wie Lebens- und Genussmittel als Hausrat – und werden deshalb nach der Beschädigung durch ein Feuer von der Hausratversicherung ersetzt. Entscheidend sind jedoch die Versicherungsbedingungen des jeweiligen Vertrages. Der Versuch, Ihre aufgerauchten Zigaretten regelmäßig bei der Hausratversicherung abzurechnen, wird Ihnen aber aus zwei Gründen nicht gelingen. Denn erstens zünden Sie die Zigaretten ja selbst an – Sie führen also absichtlich (im Juristendeutsch »mit Vorsatz«) den Schaden herbei, und dann gibt es nie Ersatz. Zweitens aber zahlen Haftpflichtversicherungen nur für Feuerschäden, die durch einen Brand mit offener Flamme entstanden sind. Ein »Sengschaden« z. B. auf dem Teppich durch heruntergefallene Zigarettenglut ist also nicht versichert. Da Zigaretten aber nicht mit heller Flamme brennen, sondern nur glimmen, hätten Sie auch deshalb keinen Anspruch auf Ersatz.

Warum will mein Anwalt so schnell Geld?

Sehr geehrte Redaktion!
Betr.: Rechnung meines Rechtsanwalts
   Mit der Rechnung über 242,32 Euro erhielt ich von
meinem Anwalt gleichzei-
tig beiliegendes Schreiben.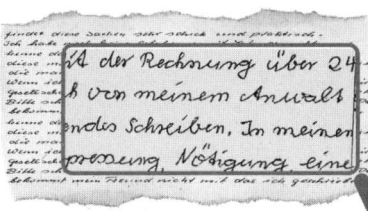
In meinen Augen ist das
eine Erpressung, Nöti-
gung, eine Frechheit! Ob-
wohl das Schreiben ein
paar Tage her ist, finde
ich keine Ruhe. Muss ich mir eine solche Behandlung ge-
fallen lassen?

Eine Leserin, die die Bemühungen ihres Anwaltes
offensichtlich nicht honoriert

Der Brief des Anwalts lautete folgendermaßen:
Sofern meine Kostennote nicht binnen 7 Tagen ausgegli-
chen sein sollte, werde ich gerichtliche Schritte einleiten,
wodurch jedoch Ihrerseits zu tragende Kosten in nicht
unbeträchtlicher Höhe entstehen. Diese Kosten würde ich
selbstverständlich durch einen Gerichtsvollzieher eintrei-
ben lassen und ggf. Antrag auf Abgabe einer Versicherung
an Eides statt stellen sowie ggf. auf Ihrem Grundstück eine
Zwangshypothek eintragen lassen und dies ggf. zur Ver-
steigerung bringen. In Ihrem Sinne steht es daher, meine
Kostennote pünktlich zu zahlen.

Sehr geehrte Leserin,
zur Zahlungsaufforderung des Anwalts können wir kaum

etwas sagen, weil wir die Vorgeschichte nicht kennen. Aber offenbar war er der Meinung, dass es mit der Bezahlung stocken könnte – aus welchen Gründen auch immer. Dennoch sind diese Hinweise keine Nötigung. Denn nach dem Rechtsanwaltsvergütungsgesetz (§ 8 Abs. 1) ist das Honorar »… fällig, wenn der Auftrag erledigt oder die Angelegenheit beendet ist«. Wer eine Schuld zu begleichen hat, kann die Aufforderung zur Zahlung und die Hinweise auf Folgen für Nichtzahlung kaum als Erpressung bewerten. Zwar beträgt die gesetzliche Zahlungsfrist (Bürgerliches Gesetzbuch, § 286) 30 Tage. Ob aber angesichts aller Umstände in Ihrem Fall diese Frist zu berücksichtigen oder die Siebentagefrist womöglich auch individuell wirksam wurde, kann nur ein Anwalt beurteilen.

WC-Brille zerbrochen – soll ich den Hersteller verklagen?

Sehr geehrte Redaktion,
meine Toilettenbrille ist zerbrochen – und das bei ganz normaler Belastung. Ich vermute also stark, dass es sich um einen Konstruktionsfehler handelt. Leider ist die Garantiezeit bereits abgelaufen. Trotzdem habe ich den Hersteller kontaktiert, denn ich möchte den WC-Sitz aus Kulanz erstattet bekommen. Doch die Firma weigert sich, meiner Bitte nachzukommen. Soll ich den Hersteller verklagen?

Ein Leser, dessen private »Sitzungen«
offenbar von »durchschlagendem« Erfolg
gekrönt waren …

Sehr geehrter Leser,

grundsätzlich ist kaum noch ein Gewährleistungsanspruch durchzusetzen, wenn die gesetzliche Gewährleistungsfrist abgelaufen ist. Denn dazu müssten Sie nun nachweisen, dass der Fehler bereits ab Werk bzw. konstruktionsbedingt vorhanden war, was aber wegen der langen problemlosen Benutzungsdauer sehr fraglich erscheint. Konstruktionsfehler machen sich normalerweise noch innerhalb der Gewährleistungsfrist bemerkbar. Also stellt sich die Frage, ob es eher ein Benutzungs- oder Montagefehler war, der die WC-Brille zerbrechen ließ. Für diese Fehler aber muss der Hersteller nicht einstehen. Weigern sich Händler oder Hersteller, bei fehlendem Rechtsanspruch eine Kulanzregelung zu treffen, sollte das weitere Vorgehen nach dem Kosten-Nutzen-Prinzip abgewogen werden. Denn ein Rechtsstreit mit sehr ungewissem Ausgang um den Wert einer zerbrochenen Toilettenbrille kann am Ende zu einem Mehrfachen der Kosten für eine neue WC-Brille führen. Möglicherweise lässt sich aber auch bereits durch das Einschalten der Verbraucherzentrale eine kulante Regelung finden. Wir empfehlen Ihnen deshalb, sich einmal mit der nächstgelegenen Verbraucherberatungsstelle in Verbindung zu setzen. Dort wird man Ihnen auch die Frage beantworten, mit welchen Kosten und Risiken ein Rechtsstreit behaftet sein kann.

Eine Teewurst ohne Tee – kann das sein?

Sehr geehrte Damen und Herren,
ich wende mich mit einer Lebensmittel-Frage an Sie, auf
die ich selbst keine Antwort weiß. Vor ein paar Tagen
fragte mein Enkelsohn am Abendbrottisch ganz neugie-
rig: »Omi, warum ist die Teewurst eigentlich so fest, wo
sie doch aus Tee gemacht
wird?« Ich konnte nichts
Gescheites darauf ant-
worten. Später habe ich
mal nachgesehen, was bei
unserer Teewurst so alles
an Inhaltsstoffen aufgelistet wurde: alles Mögliche (und
Unmögliche). Aber kein Tee! Kann das sein? Warum heißt
die Teewurst denn so, wenn überhaupt kein Tee drin ist?

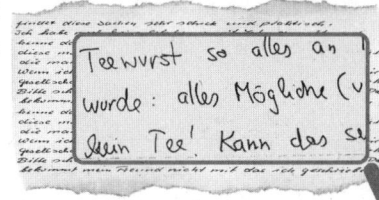

Eine Leserin, die vielleicht auch bei »Bierschinken«
ins Grübeln kommen könnte

Sehr geehrte Leserin,
zwar legt der Name »Teewurst« es nahe, tatsächlich aber
hat die beliebte Streichwurst nichts mit dem Aufgussge-
tränk zu tun. Weder enthält sie Tee in irgendeiner Form
(was Sie selbst ja schon feststellen konnten), noch wird sie
über Teeblättern geräuchert. Zu ihrem Namen kam sie
vielmehr, weil sie früher zum Nachmittagstee gereicht wurde – und zwar denjenigen, die keinen süßen Kuchen moch-
ten, sondern eher herzhafte Häppchen bevorzugten. Auch
zur Herstellung von Bierschinken wird kein Bier verwendet, sondern er bekam seinen Namen, weil er gern zum
Bier gegessen wird.

Methoden wie beim KGB –
führen Versicherungen geheime schwarze Listen?

Sehr geehrte Damen und Herren,
nach meinem letzten Schadensfall hat mir meine Hausrat-
versicherung gekündigt, eine Unverschämtheit nebenbei
bemerkt. Man wirft mir vor, dass ich die Versicherung in
der Vergangenheit über Gebühr strapaziert und bean-
sprucht habe. Aber dafür sind Versicherungen doch da?
Das Miese an der Sache: Ich komme auch bei keiner ande-
ren Versicherung unter, überall lehnt man meinen Antrag
ab. Ich kann mir das nicht erklären. Jetzt meinte ein
Freund, dass bei den Unternehmen geheime schwarze
Listen kursieren, auf denen alle Leute stehen, die den Her-
ren aus der Geschäftsleitung nicht passen. Und das würde
wohl auch auf mich zutreffen. Das wären ja Methoden wie
beim KGB. Ich kann das kaum glauben! Oder ist an dieser
Räuberpistole womöglich was dran?

Ein Leser, der sich in den Fängen
eines Versicherungs-Geheimdienstes wähnt

Sehr geehrter Leser,
die von Ihnen angesprochenen schwarzen Listen gibt es tatsächlich. Dort kann jeder landen, der nach Meinung seiner
Versicherung zu viele oder zu teure Schäden meldet oder
bei dessen Schadenregulierung es Ungereimtheiten gegeben
hat. Mit diesen Listen wollen sich die im Gesamtverband
der Versicherungen zusammengeschlossenen Unternehmen
nach eigenen Angaben vor »faulen« Kunden schützen. Tatsächlich geht es aber vor allem darum, solche Kunden zu
erkennen, an denen wegen hoher Schäden nicht viel zu ver-

dienen ist. Wer auf die Liste gerutscht ist, kann es bei einer Kündigung des alten Vertrags schwer haben, eine neue Versicherung zu finden – das haben Sie ja bedauerlicherweise selbst erfahren müssen. Doch mit einer Anfrage beim Versicherungsverband können Sie klären, ob Sie überhaupt auf der Liste stehen.

Muss ich wirklich 75 Euro für ein sauberes Flusensieb bezahlen?

Sehr geehrte Damen und Herren,
nach 22 Monaten schleuderte meine Waschmaschine plötzlich nicht mehr richtig. Als ich den Kundendienst informierte, tippte man auf einen defekten Motor. Kein Wort von einem Flusensieb, das von außen mit einem Türchen verschlossen ist und das man zum Säubern öffnen soll.
Der Kundendienst schickte einen Monteur. Der kontrollierte und reinigte dieses Sieb von den Fusseln. Jetzt möchte die Firma sage und schreibe 75 Euro 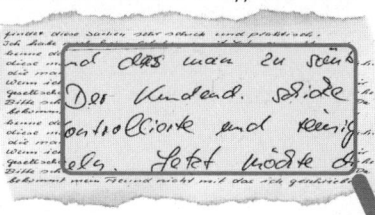 *für die Wartungsarbeit. Hat jede Waschmaschine so ein Flusensieb? Das hab ich ja noch nie gehört. Muss ich für die Reinigung jedes Mal den Kundendienst holen? Dann sind 75 Euro doch zu teuer, oder nicht? Der Monteur war auch nicht gerade freundlich und meinte beim Rausgehen, ich hätte vorher die Gebrauchsanweisung lesen sollen.*
Eine Leserin, deren Waschmaschine mit einem rätselhaften Geheimtürchen ausgestattet wurde

Sehr geehrte Leserin,
grundsätzlich ist in der Bedienungsanleitung einer jeden Waschmaschine zu lesen, wie sich das sogenannte Flusensieb reinigen lässt und dass dies regelmäßig geschehen sollte. Wenn Sie dies nicht getan haben und es erst durch den Kundendienst geschehen ist, handelt es sich nicht um eine Reparatur auf Garantie. Denn ein verschmutztes Flusensieb ist kein Schaden an der Maschine. Die Forderung des Kundendienstes scheint also, nach den uns vorliegenden Informationen, korrekt zu sein. Deshalb wäre es ratsam, den Einsatz zu bezahlen. Denn auch beim Kauf eines neuen Familienautos haben Sie ja keinen Anspruch darauf, dass Sie innerhalb der Garantiezeit kostenlose Wagenwäschen bekommen. Und wenn Sie die Bedienungsanleitung beim Auto nicht lesen und das Kühlwasser versehentlich in den Benzintank einfüllen, müssen Sie auch den Mechaniker bezahlen.

Wieso darf ich zum Kegeln nicht mein eigenes Bier mitbringen?

Sehr geehrter Herr Müller-Michaelis,
ich kegle in einem Verein. Die Kegelbahn ist mit Bewirtung, sein Bier und seine eigenen Speisen darf man nicht mitbringen. Aber wieso eigentlich nicht?
                    Ein sportlicher Leser mit einer bierernsten Frage

Sehr geehrter Leser,
solche Regelungen kann der Wirt natürlich erlassen, denn

er muss ja irgendwie auch seine Kegelbahn finanzieren, wozu u.a. der Verkauf von Speisen und Getränken beiträgt. Stellen Sie sich doch mal vor, Sie wären Wirt und zu Ihnen kämen Familien, die nur das nächste Fußball-Länderspiel auf Ihrem großen Monitor sehen wollen, sich aber Getränke und Speisen von zu Hause mitbringen. Damit wären Sie auch nicht einverstanden. Aber es ist jedem Kegler freigestellt, diese Regel zu akzeptieren – oder sich eine andere Kegelmöglichkeit zu suchen. Anders ist es übrigens, wenn Sportstudios in ihren Geschäftsbedingungen das Mitbringen von eigenen Getränken verbieten, denn dort zahlt man ja bereits seinen Mitgliedsbeitrag. Solche »Kaufzwang«-Regelungen sind mehrfach von Gerichten als unzulässig beurteilt worden, und man muss sich nicht daran halten.

Gratishandy – soll ich den Vertrag mit Zaubertinte unterschreiben?

Sehr geehrte Damen und Herren,
in meinem Telefonladen gibt es ein tolles Handy. Und wenn ich den dazugehörigen Zweijahresvertrag unterzeichne, bekomme ich es ohne jede Zuzahlung. Die Sache reizt mich, aber ich will mich nicht so gern 24 Monate an einen Anbieter binden. Was passiert eigentlich, wenn ich den Vertrag abschließe, aber statt mit normaler Tinte

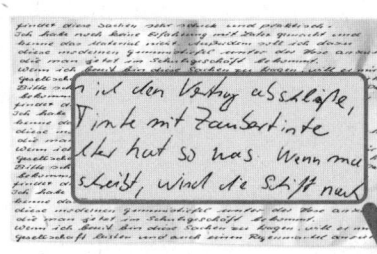

mit Zaubertinte unterschreibe? Meine Tochter hat so was.
Wenn man mit diesem Stift schreibt, wird die Schrift nach
einer Weile unsichtbar. Könnte ich auf diese Weise mit dem
Handy aus dem Laden marschieren, obwohl ich quasi
nichts unterschrieben habe?

Ein Leser, der bald in der Tinte sitzen könnte,
wenn er auf faulen Zauber setzt

Sehr geehrter Leser,
Ihre Idee ist zwar pfiffig, aber wir möchten doch dringend
davon abraten. Denn für die Gültigkeit eines Vertrages ist
nicht unbedingt die Schriftform erforderlich. Es genügen
zwei übereinstimmende Willenserklärungen. Ein Beispiel
ist der Brötchenkauf: Sie bestellen am Tresen der Bäckerei
zwei Brötchen. Die Verkäuferin tütet zwei Brötchen ein,
legt die Tüte auf den Ladentisch und verlangt von Ihnen
z.B. 60 Cent, die Sie auf den Tresen legen und dann die
Tüte nehmen. In diesem Fall ist ein wirksamer Vertrag geschlossen worden – mündlich und durch übereinstimmende Handlungen. So wäre es auch mit der Zaubertinte.
Selbst wenn die später unleserlich wird, könnte man Sie
mit gutem Erfolg auf Einhaltung des Vertrages verklagen.
Denn ein Sachverständiger könnte womöglich noch den
Abdruck des Stifts nachweisen. Oder bei einem Durch-
schreibsatz wäre die Unterschrift sogar nur auf dem Ihnen
ausgehändigten Original verschwunden, nicht aber auf der
(durchgedrückten) Kopie des Händlers. Auch könnte der
Händler eventuell einen Zeugen dafür haben, dass Sie den
Vertrag unterschrieben haben. Und dann müssten Sie nicht
nur 24 Monate bezahlen, sondern auch noch mit einem
Strafverfahren wegen Betruges rechnen.

Muss ich mit 68 Jahren die »Bravo« lesen?

Sehr verehrte Damen u. Herren,
ein Abo-Verlag hat mir die »Bravo« als Probeexemplar
zugeschickt. Aber ich bin 68 Jahre und habe kein Interesse
an dieser Zeitschrift. Also habe ich jede weitere Lieferung
sofort an den Verlag zu-
rückgeschickt. Trotzdem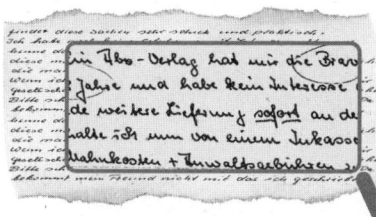
erhalte ich nun von einem
Inkassobüro seit einiger
Zeit ständig Mahnungen,
die Zeitschrift und Mahn-
kosten und Anwaltsge-
bühren zu bezahlen. Bin ich wirklich dazu verpflichtet, die
»Bravo« zu lesen? Dem Inkassobüro habe ich den Sachver-
halt auch schon geschildert.

Eine Leserin, die sich dem Jugendwahn
konsequent verweigern möchte

Sehr geehrte Leserin,
grundsätzlich muss geprüft werden, ob für das Abo eine
vielleicht auch irrtümlich von Ihnen geleistete Unterschrift
und eine Bestellung vorliegen. Es kann ja schon mal
vorkommen, dass man bei einer Unterschrift nicht genau
hinschaut und dann ungewollt etwas bestellt, was gar
nicht beabsichtigt war. Dies sollten Sie nochmals mit dem
Inkassobüro abklären. Ansonsten raten wir Ihnen, die
nächstgelegene Verbraucherzentrale (siehe Branchenbuch)
einzuschalten.

Hab ich Anspruch auf eine Quittung von der Toilettenfrau?

Betreff: Fragen
Nachricht: Ich hätte mal zwei Fragen: 1. Frage: Muss ich eine/n Toilettenfrau/-mann in den Kundentoiletten in einem Einkaufszentrum, Geschäften, Supermarkt, Restaurant bezahlen? Rechtsgrundlage?
2. Frage: Kann ein/e Toilettenfrau/-mann mir verweigern, eine Quittung auszustellen, wenn ich etwas bezahlen muss, oder habe ich in diesem Fall keinen Anspruch auf eine Quittung, die ich vielleicht beim Finanzamt einreichen kann? Rechtsgrundlage?

Ein recht pedantischer Leser, der wohl wirklich jeden Sch... beim Fiskus absetzen will ...

Sehr geehrter Leser,
generell kann von Ihnen auf jedem öffentlichen WC ein Obolus für dessen Benutzung verlangt werden. Denn es besteht kein Anspruch auf eine Dienstleistung (WC-Besuch) zum Nulltarif, das gilt in Einkaufszentren ebenso wie auf Bahnhöfen.

Wer für eine Leistung in welcher Höhe auch immer bezahlt, muss zwar nicht automatisch eine Quittung bekommen. Diese muss aber auf Verlangen ausgestellt werden (§ 368 BGB und § 14 UStG). Wir bezweifeln allerdings, dass man solche Quittungen beim Finanzamt absetzen kann, denn der WC-Besuch dürfte wohl privat veranlasst sein. Doch dazu empfehlen wir, das Gutachten eines Steuerberaters einzuholen. Da bekommen Sie dann auch auf jeden Fall eine richtige Rechnung ...

Schuhe drücken, Hose kneift.
Warum gibt es nicht das Geld zurück?

Liebe Redaktion,
meine Tochter (17) hatte sich schicke High Heels gekauft. Leider drückten sie aber auch nach fast zwei Wochen noch. Außerdem knickte sie immer damit um, das sah nicht elegant aus. Daher wollten wir die Schuhe ungetragen zurückgeben und unser Geld wiederhaben, den Kassenzettel konnten wir vorlegen. Trotzdem erhielten wir nur eine doofe Gutschrift. Genauso ging es uns mit Jeans, die sich meine Tochter extra eine Nummer kleiner ausgesucht hatte, weil sie abnehmen wollte. Daraus wurde aber nichts, und bald kam sie gar nicht mehr in die Hose rein. Also wollten wir die Jeans zurückgeben (wieder mit Bon). Doch auch diesmal sahen wir nichts Bares, sondern bekamen nur eine Gutschrift. Das sind doch unlautere Mittel, schließlich wird man dadurch an die Geschäfte gebunden, weil man dort etwas kaufen muss. Ist das überhaupt rechtens?

Eine Leserin, für die eine Gutschrift
ein schlechter Tausch ist

Sehr geehrte Leserin,
ganz offensichtlich handelt es sich in den beiden von Ihnen geschilderten Fällen nur um eine Rücknahme aus Kulanz, denn Sachmängel an den Artikeln lagen offenbar nicht vor. Es handelte sich bestimmt um Fehlkäufe. In solchen Fällen ist es aber dem Geschäft, anders als bei Warenmängeln, erlaubt, lediglich Gutscheine auszugeben.

Ein Teppich voller Löcher –
darf die Firma behaupten, ich hätte Motten?

Sehr geehrte Redaktion,
vor gut acht Jahren kaufte ich einen Teppich. Bald darauf hatte ich plötzlich Ungeziefer in der Wohnung und auf dem Teppich lag öfter Sand. Weiter habe ich nicht darüber nachgedacht, weil ich von einwandfreier Ware ausgegangen bin.

Inzwischen sehe ich plötzlich 8 Löcher im Teppich, das habe ich dem Hersteller mitgeteilt, der Abteilungsleiter hat mich angerufen und meinte, ich hätte Motten in der Wohnung, Kernseife und Lavendelsäckchen habe ich auf den Teppich gelegt.

Dann hat mir die Firma einen Fachmann, Perser, vorbeigeschickt, um die Mängel zu beheben. Der Perser hat mir den Preis = 240 Euro genannt, aber das war mir zu teuer.

Gestern habe ich den löchrigen Teppich schließlich selbst repariert. Das dauerte ein paar Stunden und ist mir gut gelungen. Aus den Löchern habe ich Sand und tote Tierchen entfernt. Wie mich das geekelt hat! Meine Frage: Darf der Hersteller sich komplett aus seiner Verantwortung stehlen und behaupten, die Schuld liegt bei mir, weil ich Motten hätte?

Eine Leserin, die über das Wunder,
einen »fliegenden Teppich« zu besitzen,
alles andere als glücklich ist

Sehr geehrte Leserin,
grundsätzlich ist es sehr problematisch, nach einer so langen Zeit von über acht Jahren einen Teppich zu reklamieren und den Beweis anzutreten, dass dieser bereits bei seiner Lieferung mangelhaft war, also von Motten befallen. Hierzu müssten Sie vermutlich ein Gutachten anfertigen lassen und sich auf Prozesskosten einstellen, die weit über dem Wert des Teppichs liegen werden. Deshalb ist zu überlegen, ob Sie die Reklamation überhaupt weiterverfolgen sollten. Wir raten besser davon ab. Eher wäre es sinnvoll, die Angelegenheit mit einem Schädlingsbekämpfer zu besprechen und diesen zu fragen, ob es eine Behandlung gibt, die eine garantierte Schädlingsfreiheit verspricht – oder ob zu befürchten ist, dass die Schädlinge aus dem Teppich auch andere Materialien in der Wohnung angreifen könnten, selbst wenn Sie den Teppich entsorgen.

Muss ich nach über 14 Jahren für ein Paket bezahlen, das ich gar nicht bestellt hatte?

Herr Müller-Michaelis,
ich habe eine große Bitte an Sie, da ich mir keinen Rat
weiß. Ich habe vor 14 1/2 Jahren ein Paket bekommen und
hatte nichts bestellt, also habe ich es nicht angenommen.

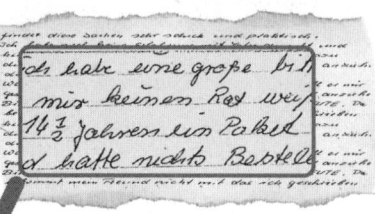

Jetzt soll ich nach 14 1/2
Jahren 240,76 Euro be-
zahlen, obwohl ich nie
eine Mahnung oder Rech-
nung erhielt. 14 1/2 Jahre
war Ruhe, jetzt geht es
wieder los. Muss ich wirk-
lich für ein Paket zahlen, das ich gar nicht bestellt hatte?
Bitte geben Sie mir einen Rat. Da mein Mann nicht lesen
und schreiben kann, muss ich alles für ihn machen.

Eine Leserin, die von ihrer Vergangenheit
immer wieder eingeholt wird

Sehr geehrte Leserin,
unter gewöhnlichen Umständen ist es kaum vorstellbar,
dass eine Forderung nach über 14 Jahren noch beigetrieben
werden kann. Denn im Normalfall ist längst Verjährung
eingetreten. Sind Sie also sicher, dass nichts bestellt wurde,
brauchen Sie zunächst einmal gar nichts zu unternehmen –
außer einem gerichtlichen Mahnbescheid unbedingt sofort
zu widersprechen. Auf dem Mahnschreiben ist genau erklärt, was Sie tun müssen. Nach Ihrem Widerspruch müsste
der Gläubiger Sie verklagen und dann die Richtigkeit seiner Forderung beweisen. Da das nach Ihren Angaben gar

nicht möglich ist, wird er keinen Prozess riskieren, und die Sache wäre erledigt. Sollte es dennoch dazu kommen, ist die sofortige Einschaltung einer Verbraucherzentrale oder eines Anwalts dringend anzuraten.

Soll ich den Baumarkt auf 2,65 Euro verklagen, weil er Ware nicht zurücknimmt?

Sehr geehrte Damen und Herren,
heute kaufte ich im Baumarkt vier Radzierkappen zum Stückpreis von 2,65 Euro. Diese waren einzeln in Zellophan verschweißt. Leider tat ich einen Fehlkauf. Statt der Felgengröße 14 Zoll kaufte ich die Felgengröße 15 Zoll. Bemerkt hatte ich das erst, als ich eine Radzierkappe auspackte und aufziehen

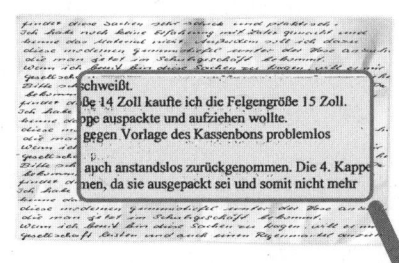

wollte. Da der Baumarkt damit wirbt, dass der Umtausch von zu viel gekauftem Material gegen Vorlage des Kassenbons problemlos möglich sei, wollte ich also umtauschen.

Drei der noch verpackten Radzierkappen wurden auch anstandslos zurückgenommen. Die 4. Kappe wollte man mit der Begründung nicht zurücknehmen, dass sie ausgepackt sei und somit nicht mehr verkauft werden könne.

Meinen Einwand, dass ich die Radkappe erst auspacken müsse, um sie aufzuziehen, ließ man nicht gelten.

Als ich daraufhin um ein Gespräch mit dem Geschäftsführer bat, teilte man mir mit, der würde mir auch nichts anderes sagen. Die Radkappe gehöre mir, und ich soll sie zertreten und in den Hausmüll werfen. Mir blieb also nichts anderes übrig, als die 4. Kappe wieder mitzunehmen. Natürlich habe ich – schon aus Prinzip – keine anderen Kappen in diesem Baumarkt gekauft. Da aber so großspurig damit geworben wird, dass man alles jederzeit umtauschen kann, überlege ich nun, den (Saft-)Laden zu verklagen. Was meinen Sie?

Ein Leser, der mit seinem Baumarkt
am liebsten kurzen Prozess machen würde

Sehr geehrter Leser,
grundsätzlich ist der Baumarkt im Recht. Der Umtausch gegen Vorlage des Kassenbons ist eine Kulanzleistung ohne Rechtsanspruch und kann z. B. auf unausgepackte bzw. unbenutzte Ware beschränkt sein. Hier aber handelte es sich schließlich um einen eindeutigen Fehlkauf – und die Unverkäuflichkeit der ausgepackten Kappe ist nachvollziehbar. Immerhin war es ja schon kulant, drei Kappen zurückzunehmen. Aber dass der Baumarkt Sie nun mit 2,65 Euro an dem von Ihnen zu verantwortenden Fehlkauf beteiligt, kann auch nicht als unzumutbare Härte ausgelegt werden. Rechtsansprüche irgendwelcher Art bestehen also nicht.

Warum durfte ich keine 100 Flaschen Schnaps kaufen?

Hallo Redaktion,
weil wir es finanziell nicht gerade dicke haben, wollten mein Mann und ich auf einem Straßenfest Cocktails anbie-

ten und schön was nebenbei verdienen. Jetzt bin ich zum Discounter gefahren und hab mir zwei Einkaufswagen voll mit Spirituosen gepackt, weil Rum, Wodka und Whisky gerade im Sonderangebot total billig waren. Damit kam ich gar nicht bis zur Kasse, sondern schon auf dem Weg dorthin wurde ich von einer unfreundlichen Verkäuferin gestoppt. Sie schnauzte rum, dass ich nur einige Flaschen zu diesem Sonderpreis kaufen darf, aber nicht die ganze Menge. Dann kam noch der Leiter angerannt und laberte mir auch die Ohren voll. Mir ging das Gequatsche auf den Wecker, und ich bin wutentbrannt raus, ohne meine 100 Flaschen Schnaps. Da heißt es immer, dass die Hartz-IV-Leute mehr machen sollen, und wenn man dann mal was tut, kriegt man nur eins rein. Schönen Dank, Deutschland! Jetzt würde ich gern wissen: Muss ich mir so eine Schikane gefallen lassen?

Eine Leserin, deren Nebenverdienst-Plan
sich als »Schnapsidee« entpuppte

Sehr geehrte Leserin,
es ist eine weit verbreitete Fehlinformation, dass man Sonderangebote in so großen Mengen kaufen kann, wie man will. Denn alle Händler haben immer die Entscheidungsfreiheit, wie viel Ware sie an wen verkaufen. Bei Aktionsangeboten gilt deshalb meist die Einschränkung »haushaltsübliche Mengen«. Damit soll verhindert werden, dass einige wenige Kunden riesige Hamsterkäufe tätigen (das trifft ja durchaus auf Sie und Ihren Spirituoseneinkauf zu) und andere Verbraucher von den speziellen Angeboten nichts mehr abbekommen. Außerdem will der Handel so auch unterbinden, dass besonders pfiffige Kunden die

Schnäppchenware aufkaufen, um sie später im Internet mit Gewinn wieder zu verkaufen. Was genau »haushaltsübliche Mengen« sind, ist allerdings nirgends festgelegt. Meist wird bei Lebensmitteln von Ware ausgegangen, die eine Familie in zwei bis vier Wochen verbrauchen kann. So gesehen, wollte man Sie im Discounter mit Sicherheit nicht schikanieren. Außerdem ist der Händler verpflichtet, Sonderangebote in so großer Menge vorrätig zu haben, dass sie nicht innerhalb kürzester Zeit ausverkauft sind. Wenn doch, könnten seine Konkurrenten ihn wegen eines Wettbewerbsverstoßes anschwärzen.

Kapitel 8

Beruf – auch viel Fleiß bringt nicht immer einen Preis

Der Chef ist unfair, der Job stinklangweilig und die Bezahlung mies. Die Unzufriedenheit vieler Deutscher am Arbeitsplatz ist besonders hoch. Doch wer entlassen wurde, hat noch weniger Grund zum Jubeln. Denn nun muss er sich plötzlich mit rechtlichen und finanziellen Problemen gleichzeitig herumschlagen. Kein Wunder also, dass wir besonders viel Post erhalten mit Kümmernissen und Beschwerden der Tätigen und (unfreiwillig) Untätigen. Den meisten Hilfesuchenden kann schnell und unkompliziert geholfen werden, zwar nicht mit einem neuen Job, aber mit Ratschlägen. Was Arbeit und Beruf angeht, ist die Rechtslage meist recht klar und eindeutig. Dessen ungeachtet, zeigt uns die eine oder andere Leserzuschrift aber, dass es im Berufsleben auch Sorgen und Nöte gibt, die uns fassungslos, aber zum Glück nicht sprachlos machen – wie Sie in diesem Kapitel nachlesen können.

Steht eine Raucherpause auch Nichtrauchern zu?

Sehr geehrte Redaktion,
bei uns im Betrieb ist Rauchen eigentlich untersagt. Mit
dem Ergebnis, dass die Raucher alle naselang ihren Ar-
beitsplatz verlassen, ausstempeln und draußen vor der Tür
gemütlich eine durchziehen. Ich glaube aber nie und nim-
mer, dass wirklich alle an der Stechuhr sind. Und weil un-
ser Chef selbst zu den Qualmern gehört, sieht er das alles
wohl nicht so eng. Zumindest steht er selbst oft bei den
Nikotinsüchtigen, lacht und scherzt ... Ich finde das Ganze
aber nicht komisch. Denn was da über den Tag zusam-
mengerechnet an Zeit zusammenkommt, die faul rum-
gestanden und trotzdem bezahlt wird, macht mich stink-
sauer! Eigentlich würde ich gern zum Chef gehen und
fragen, ob wir Nichtraucher nicht auch Raucherpausen
machen können. Oder vielleicht eine halbe Stunde weniger
arbeiten? Ich fürchte nur, dass ich mich mit diesem Vor-
schlag unbeliebt mache. Andererseits wurmt mich die
Ungerechtigkeit – ich arbeite letzten Endes für meine fau-
len Kollegen mit! Was raten Sie mir?

Eine Leserin,
der Ungleichbehandlung mächtig stinkt

Sehr geehrte Leserin,
bei allem verständlichen Ärger müsste zunächst doch erst
einmal abgeklärt werden, ob es in Ihrem Betrieb tatsächlich Kollegen gibt, die während einer Rauchpause nicht
ausstempeln. Hat nämlich alles seine Richtigkeit, so wird
den Betreffenden ihre Zigarettenpause nicht entlohnt, sie
rauchen sozusagen auf eigene Kosten. In dem Fall wäre

der Gerechtigkeit Genüge getan. Dass der Chef kommen und gehen (und rauchen) kann, wie er will, ist ihm nicht anzulasten, denn vermutlich wird von ihm erwartet, zahlreiche – unbezahlte – Überstunden zu leisten. Seine kurzen Rauch-»Auszeiten« müssen Ihnen daher kein Kopfzerbrechen bereiten.

Sollten sich allerdings Kollegen während der Raucherpause nicht ausstempeln, wäre das Betrug. Für diesen Tatbestand müssten aber unumstößliche Beweise und Zeugen beigebracht werden. Um nicht als »Anschwärzerin« dazustehen, deren Anschuldigungen im schlimmsten Fall sogar völlig unkorrekt sind, sollten Sie zunächst diskret das Gespräch mit dem Betriebsrat suchen. Dort wird dann beraten, wie man weiter in der Sache verfährt. Eine offizielle Raucherpause für Nichtraucher wird sich vor diesem Hintergrund jedenfalls kaum durchsetzen lassen. Denn Raucher haben im Berufsleben keine Privilegien mehr, sie müssen sich streng an die Vorschriften halten, sonst ist der Job in Gefahr. Wer sich also z. B. über ein Rauchverbot während der Arbeitszeit hinwegsetzt, riskiert seine Kündigung. So erging es zumindest einer Sekretärin, die sich wiederholt ohne Abmeldung von ihrem Arbeitsplatz entfernte, um zu rauchen. Selbst eine Abmahnung konnte sie nicht davon abhalten. Nachdem sie erneut dreimal erwischt worden war, erfolgte der Rauswurf. Und der wurde vom Arbeitsgericht bestätigt.

Darf man mir für meine Arzttermine Urlaub abziehen?

Sehr geehrte Damen und Herren,
ich arbeite als Erzieherin im Öffentlichen Dienst in ... Die Frage an Sie ist diese, ist es rechtens, dass mein Arbeitgeber

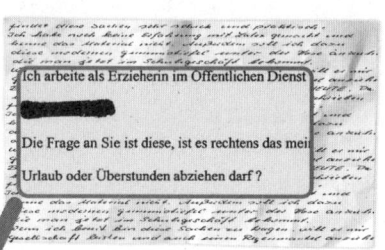

mir für Arzttermine einfach Urlaub oder Überstunden abziehen darf? Es handelt sich um Termine, die ich nicht außerhalb meiner regulären Arbeitszeit wahrnehmen kann, z. B. Blutentnahme am Morgen, bei Zahnschmerzen oder auch Besuche beim Spezialisten. Dafür Urlaub opfern zu müssen, finde ich nicht fair!

Eine Leserin, die keine Urlaubstage auf dem Altar
der Gesundheit opfern möchte

Sehr geehrte Leserin,
grundsätzlich sind unvorhergesehene Notbehandlungen beim Arzt nicht auf die Arbeitszeit anzurechnen. Normale Untersuchungstermine sind aber in die Freizeit zu legen, sie führen z. B. auch bei Gleitzeit nicht zu Zeitgutschriften. Insofern kann der Arbeitgeber tatsächlich verlangen, dass für normale Untersuchungen Urlaub oder Überstunden abgebummelt werden. Bei akuten Zahnschmerzen, erst recht wenn sie während der Arbeitszeit auftreten, wäre dies allerdings nicht in Ordnung.

Freiwillige Kündigung – kann ich durch einen Deal mein Arbeitslosengeld retten?

Sehr geehrte Redaktion,
in meinem derzeitigen Job arbeite ich im Schichtdienst. Besonders die Frühschichten sind für mich eine einzige Tortur, da ich morgens kaum wach werde. Ich hab auch schon öfter verschlafen. Spätschichten sind aber auch nicht so super, weil ich da lieber mit meinen Freundinnen auf die Piste gehen würde. Nun denke ich daran zu kündigen, mir werden die Arbeitszeiten auf Dauer zu lästig. Das Problem: Wenn ich freiwillig gehe, wird mir ja »zur Strafe« das Arbeitslosengeld gekürzt. Ich hätte aber gern sofort das Geld, das mir ja eigentlich zusteht! Nun denke ich daran, meinem Chef einen kleinen Deal vorzuschlagen. Zu ihm habe ich ein ausgezeichnetes »Verhältnis«, und er würde sicher mitspielen. Also: Soll ich ihn darum bitten, dass er mir kündigt? Unter irgendeinem Grund, den die Arbeitsagentur akzeptieren muss? Hätte ich so eine Chance auf volles ALG I? Wenn Sie meine Frage in Ihrer Zeitschrift veröffentlichen, möchte ich bitte unbedingt anonym bleiben.

Eine offenherzige Leserin, die aus triftigem Grund
lieber unerkannt bleiben möchte

Sehr geehrte Leserin,
grundsätzlich können wir in unseren Antworten keine Hinweise dazu geben, wie sich gesetzliche Vorschriften umgehen lassen, um sich staatliche Leistungen zu erschleichen. Wir würden uns ansonsten der Beihilfe bzw. Anstiftung zum Betrug schuldig und somit strafbar machen. Deshalb

können wir nur darauf hinweisen, dass lediglich bei einer nicht selbst verschuldeten Kündigung Anspruch auf Arbeitslosengeld besteht. In allen anderen Fällen erfolgen automatisch eine Einzelfallprüfung und eventuell auch die Verhängung einer Sperrzeit durch die Arbeitsagentur.

Muss ich mich mit 20 Kilo Übergewicht in die Dienstkleidung zwängen?

Sehr geehrte Redaktion,
ich arbeite in einem Badebetrieb, Bereich Sauna. Bislang trugen wir weiße Dienstkleidung. Jetzt hat uns der Arbeitgeber die neuen »Modelle« zum Testen gegeben. Unser Ergebnis war »nicht tragbar«. Es war eine blaue Hose (mit unvorteilhafter Dreiviertellänge!) und ein dünnes T-Shirt, blaue Ärmel und weiße Front.

Vor allem geht es um das T-Shirt, welches von der Qualität sehr dünn ist. Das heißt: Nach jedem Sauna-Aufguss schwitzen wir nach und befürchten dann, mit diesem Look »Miss Wet-T-Shirt« zu werden. Bei den schlankeren Kolleginnen mag es vielleicht nicht so ins Gewicht fallen, aber bei mir (20 kg Übergewicht) sehe ich rot. Ich möchte mich nicht damit lächerlich machen. Kann der Arbeitgeber mich trotzdem dazu zwingen – oder gibt es Argumente, mit denen wir diese Dienstkleidung ablehnen können?

Eine Leserin mit einem buchstäblich schwerwiegenden Outfit-Problem

Sehr geehrte Leserin,

bezüglich der Dienstkleidung sollte versucht werden, mit dem Arbeitgeber Einvernehmen herzustellen. Denn Arbeitsverträge oder Betriebsanweisungen können das Tragen von einheitlicher Kleidung vorschreiben. Sollten alle Kollegen sich gegen die Wahl der neuen Kleidung aussprechen, lässt sich der Arbeitgeber eventuell zu einer Änderung bewegen. Ansonsten bliebe nur der Ausweg, sich auf eigene Kosten Kleidung zu beschaffen, die Ihren Ansprüchen und den Vorgaben des Arbeitgebers entspricht.

Alle Unterlagen sind verbrannt, bekomme ich trotzdem Rente?

Wertes Experten-Team!
Nach einem Brand in unserem Haus sind mir alle Papiere verbrannt. Ich bin 52 Jahre, habe 30 Jahre gearbeitet, kann es aber leider nicht belegen. Be-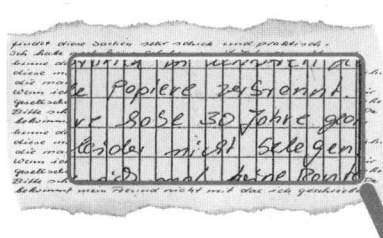*komme ich mal keine Rente? Das lässt mir keine Ruhe. Ich weiß nicht, wovon ich sonst später leben soll!*

Eine Leserin, die fürchtet,
dass sich ihre Altersvorsorge in Rauch aufgelöst hat

Sehr geehrte Leserin,

Sie dürfen ganz beruhigt sein! Denn auch nach einem Brand,

bei dem all Ihre Papiere vernichtet wurden, ist der Rentenanspruch nicht gefährdet oder verloren. Anhand Ihrer Sozialversicherungsnummer können beim zuständigen Rentenversicherer Ihr gesamtes Rentenkonto und die komplette Beschäftigungshistorie geprüft werden. Sie erfahren diese Sozialversicherungsnummer bei Ihrem Arbeitgeber oder, wenn Sie arbeitslos gemeldet sind, bei der für Sie zuständigen Stelle der Arbeitsagentur. Frühere Arbeitgeber müssen die Unterlagen über Ihre Beschäftigung (und damit auch Ihre Sozialversicherungsnummer) zehn Jahre lang aufbewahren.

840 Euro netto für 200 Arbeitsstunden im Monat – werde ich ausgenutzt?

Sehr geehrte Redaktion,
ich bin eine ungelernte Bäckereiverkäuferin und arbeite Vollzeit. Morgens fange ich um 4.30 Uhr an und arbeite bis

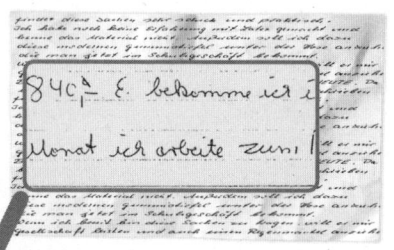

12 Uhr, dann wieder von 14.30 Uhr bis 18 Uhr, am Samstag von 4 Uhr bis 13 Uhr, Donnerstag habe ich frei. 18 Urlaubstage habe ich jährlich. Ich bin 49 Jahre und komme so netto auf 840 Euro, brutto sind es 1 101 Euro. 840 Euro bekomme ich immer, egal, wie viele Stunden im Monat ich arbeite. Im Juli waren es zum Beispiel 193,5 Stunden, im Juni 191,5, im Mai 187,5 und im April sogar 200 Stunden! Normal sind wohl so 160 bis

170 Stunden, aber die überschreite ich jeden Monat. Trotzdem verdiene ich immer dasselbe Geld. Da stimmt doch was nicht. Könnte es sein, dass ich ausgenutzt werde? Ich bin froh über die Arbeitsstelle, aber die vielen Stunden sind manchmal doch recht anstrengend. Was raten Sie mir?

Eine bienenfleißige Leserin, die trotzdem ganz
kleine Brötchen backen muss

Sehr geehrte Leserin,
generell muss vernünftige Arbeit auch vernünftig bezahlt werden. Und da scheint bei Ihnen im Betrieb etwas im Argen zu liegen. Denn regelmäßige Überstunden und Arbeitszeiten von teilweise bis zu 16 Stunden am Tag verstoßen gegen das Gesetz. Auch dürfen Arbeitgeber keine Löhne zahlen, die deutlich unter den Tarifen liegen. In solchen Fällen haben Sie sogar Anspruch auf Nachzahlung für die in der Vergangenheit geleistete Arbeit. Sie sollten dringend einen Anwalt einschalten und sich, wenn Ihnen das Geld dafür fehlt, deshalb mit der Bitte um Beratungs- und Prozesskostenhilfe an die Geschäftsstelle des für Sie zuständigen Amtsgerichts wenden.

Ich habe keine Lust mehr auf meinen Job. Zahlt der Staat eine neue Ausbildung?

Sehr geehrte Redaktion!
Ich bin gelernte Rechtsanwaltsfachangestellte, habe aber überhaupt keine Lust mehr auf diesen Beruf. Mir ist der

Job viel zu eintönig und langweilig. Meine wahren Talente kann ich im Büro gar nicht nutzen. Darum träume ich jetzt davon, etwas Neues zu wagen und eine ganz andere Ausbildung zu machen. Aber wer zahlt mir in der Zeit den Verdienstausfall? Schließlich fällt ja erst mal mein Gehalt weg. Darum würde ich gern wissen, welche staatliche Unterstützung in solchen Fällen vorgesehen ist. Gibt es Ausbildungsgeld, Wohngeld, Hartz IV usw.?

Eine Leserin, die bestimmt auch keine Lust auf unseren Job hätte …

Sehr geehrte Leserin,
Sie können nicht mit Unterstützungsleistungen des Staates rechnen, wenn Sie ohne zwingende Erfordernis (Arbeitslosigkeit, Krankheit) eine weitere Ausbildung machen möchten und dadurch Ihr Einkommen reduzieren. Der Gesetzgeber sieht diese zweite Ausbildung dann als private Angelegenheit. Denn wer sich den Luxus einer besonderen Berufsneigung erfüllen möchte, der soll dafür auch selbst zahlen – aber angesichts der leeren öffentlichen Kassen seinen Vorlieben nicht auf Kosten der Allgemeinheit nachgehen. Sie schreiben auch nicht, welche Ausbildung es sein soll. Eventuell wären aber für ein Studium Bafög-Mittel zu beanspruchen. Hierüber können Sie sich unter dem Link www.bafoeg.bmbf.de im Internet informieren.

Warum habe ich als Rentnerin
keine Urlaubsansprüche mehr?

Liebe Redaktion,
nach meinem 60. Geburtstag bin ich für 1 1/2 Jahre in
Block-Alterszeit gegan-
gen, die nächsten (und
restlichen) 1 1/2 Jahre sind
freie Teilzeit. Habe ich
für diese 1 1/2 J. freie Zeit
auch Urlaubsansprüche?
Mein Chef sagt nein. Aber warum steht mir das nicht
zu?

Eine Leserin, die der Ruhestand offensichtlich
urlaubsreif gemacht hat

Sehr geehrte Leserin,
grundsätzlich besteht die Block-Alterszeit aus einer
Tätigkeitsphase und einer Freizeitphase, in der bei (meist
reduziertem Einkommen) gar nicht mehr gearbeitet wird –
und deshalb erschließt sich uns der Hintergrund Ihrer Frage
nicht. Wenn Sie schon eineinhalb Jahre lang 24 Stunden
täglich freihaben, was soll dann noch der eventuelle Urlaubsanspruch bringen? Oder geht es bei Ihrer Frage um die
Auszahlung des zu Beginn der Freizeitphase noch bestehenden Resturlaubs aus dem Arbeitsblock? Dieser gilt mit dem
Start des Freizeitblocks im Normalfall als abgegolten. Eine
Auszahlung findet nicht statt, insofern hätte also Ihr Chef
recht, und es besteht kein »Urlaubsanspruch«. Wir hoffen,
Ihre Frage richtig erraten und Ihnen damit geholfen zu
haben.

Muss ich nach der Entlassung
meine Arbeitspapiere selbst abholen?

Sehr geehrte Redaktion,
aus Gründen, die ich nicht näher erläutern möchte und die
hier auch zu weit führen, verlor ich vor kurzem meinen
Arbeitsplatz. Nur so viel: Man suchte nach einem x-belie-
bigen Vorwand, um mich endlich loszuwerden. Denn ich
bin unbequem und habe mir nie etwas gefallen lassen. So
ist es eben: Wer kein Mitläufer und Jasager ist, wird heut-
zutage gezielt aus dem Betrieb gemobbt. Mit dieser Firma
möchte ich daher nichts mehr zu tun haben. Leider fehlen
mir immer noch meine Arbeitspapiere, bis heute hat man
sie mir nicht zugeschickt. Vorhin rief ich in der Personal-
abteilung an und erhielt die Auskunft, meine Unterlagen
»lägen zur Abholung bereit«. Wieso bin ich (!) verpflichtet,
mir meine Papiere selbst abzuholen? Warum werden die
nicht per Post verschickt? Und warum muss ich jetzt das
Geld für eine Busfahrkarte ausgeben, nur um dann in der
Personalabteilung wie ein Bittsteller meine Unterlagen ein-
zusammeln? Kann ich die Firma deswegen vor Gericht
bringen? Ehrlich gesagt, habe ich nichts mehr zu verlieren
und entsprechend große Lust dazu! Wie hoch schätzen Sie
meine Chancen ein, meinem Exchef damit eins auszu-
wischen?

Ein Leser, für den zwar der Zug abgefahren ist, der
aber trotzdem nicht den Bus nehmen möchte

Sehr geehrter Leser,
grundsätzlich ist der Arbeitgeber nur zur Herausgabe der
Arbeitspapiere verpflichtet. Das bedeutet aber noch nicht,

dass er Ihnen diese auch zuschicken muss. Er muss sie lediglich zur Abholung bereithalten, hat also eine Herausgabepflicht. Einen Ausnahmefall hat das Bundesarbeitsgericht in einem Urteil begründet: Danach müssen die Papiere nur zugeschickt werden, wenn die Abholung mit unzumutbaren Schwierigkeiten verbunden ist (BAG, 8.3.1995, 5 AZR 848/93, NJW 1995, 2373). Ob der Kauf einer Busfahrkarte in diesem Sinne eine unzumutbare Schwierigkeit darstellt, kann allerdings nur ein Anwalt beurteilen. Wobei zu berücksichtigen ist, dass dessen Beratungshonorar höher ausfallen dürfte als die Kosten der Fahrkarte.

Ideen-Klau beim Filmwettbewerb – wie wehre ich mich dagegen?

Sehr geehrte Redaktion,
ich bitten Sie um Recht Rat.
   Nach meine literarisch beenden Studium erfolgreich ab- 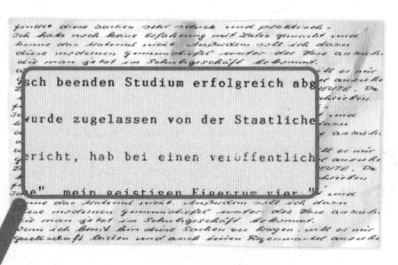 *geschlossen, auch weil Lehrgang wurde zugelassen von der Staatlichen Zentralstellen für Fernunterricht, hab bei einen veröffentlichen gabten WETTBEWERB »Film-Idee« mein geistigen Eigentum vier »Film-Idee« mit Beschreibung und Begleitschriften Angeboten.*
   Leider bis heute völlige einhalbjahr danach, der Emp-

fängerin vom meiner WETTBEWERB Tun verweigern je-
de bittenden nach zurück geben von Manuskripten. Nun
meiner Befürchtung ich bin betrug und »Film-Idee« ge-
stohlen – mein geistigen Eigentum! Was ich machen kann
bei diebe?

Eine sprachgewaltige Leserin, deren Beispiel
eindrücklich aufzeigt, dass viele Künstler von der
Gesellschaft einfach nicht verstanden werden

Sehr geehrte Leserin,
es wird wohl sehr schwer werden, auf Grundlage der von
Ihnen eingereichten Ideen Ansprüche durchzusetzen. Denn
meist ist es bei solchen Wettbewerben üblich, dass kein Anspruch auf Rücksendung besteht. Und nur für den Fall,
dass man Ihre Ideen wirklich aufgegriffen hat, könnten Sie
Ansprüche nach dem Urheberrechtsschutzgesetz stellen.
Deshalb wäre es wichtig, nun zu beobachten, ob Ihre Ideen
tatsächlich in genau der von Ihnen dargelegten Form um-
gesetzt werden. Wenn das der Fall ist, sollten wegen dieses
»Ideenklaus« Ansprüche über einen Anwalt geltend gemacht werden.

Gefeuert – darf ich mir etwa kein Geld aus der Kaffeekasse leihen?

Sehr geehrte Redaktion,
mir ist so übel mitgespielt worden, und ich wollte fragen,
wie ich mich gegen das Unrecht wehren kann. Die Vorge-
schichte ist folgende: Vor ein paar Wochen habe ich mir

Geld aus unserer Kaffeekasse geliehen. Mir war nämlich eingefallen, dass am gleichen Abend der Getränkelieferant kommen würde, und ich hatte kein Bargeld mehr, um ihn zu bezahlen. Also hab ich 100 Euro aus der Kasse genommen, die hätte ich am nächsten Tag gleich wieder reingelegt. Dazu kam es aber gar nicht. Eine Kollegin, die mich sowieso nicht mag, hat mich wohl beobachtet und beim Chef gepetzt. Sie sagt, das Geld hätte ich gestohlen! Aber ich bin grundehrlich und anständig. Leider glaubte mir der Chef nicht und hat mich deswegen auf die Straße gesetzt. Mein Anwalt taugt nichts, denn er behauptet, er kann nichts machen. Können Sie mir nicht helfen?

Eine Leserin, die sich beim »Leihen«
leider etwas laienhaft angestellt hat

Sehr geehrte Leserin,
wir bedauern sehr, was Ihnen passiert ist. Dennoch können wir nichts für Sie tun. So ungerecht es Ihnen auch erscheinen mag, die Kündigung war rechtens. Ihr Anwalt ist nicht so schlecht, wie Sie fürchten, seine Einschätzung der Lage dürfte korrekt sein. Der Gesetzgeber versteht in Fällen wie dem Ihren keinen Spaß. Wer sich Geld aus der gemeinschaftlichen Kaffeekasse nimmt, muss damit rechnen, seinen Job zu verlieren! Deswegen hat es schon einmal einen Prozess gegeben. Damals hatte sich ein Arbeiter 600 Euro aus einer Blechdose genommen, deren Inhalt allen Kollegen gehörte. Auch er hatte angegeben, dass er sich das Geld nur leihen wollte. Doch diese Begründung akzeptierte weder sein Vorgesetzter noch das Arbeitsgericht (Hessisches Finanzgericht, Az: 1 K 1104/07). Falls Sie im nächsten Job

also wieder kurzfristig Geld leihen möchten, können wir Ihnen nur raten, dann einen Zettel in der Kaffeekasse zu hinterlegen (Name, Datum, Höhe des Geldbetrages), um sicherzustellen, dass Missverständnisse gar nicht erst aufkommen.

Die anderen knallen und böllern, warum muss ich malochen?

Sehr geehrte Redaktion,
ich bin neu in der Firma und habe gerade erfahren, dass bei uns Silvester gearbeitet wird. Ich bin für die Nachtschicht eingeteilt, na toll. Meine Kumpels knallen sich einen und böllern wie die Geisteskranken, und ich soll malochen? Das sehe ich gar nicht ein. Darum hab ich an dem Tag Urlaub beantragt. Die Tante von der Personalabteilung zickte rum und meinte, dann müsste ich einen vollen Tag nehmen – halbe Tage würde es nicht geben. Weihnachten und Silvester muss man doch immer nur halb arbeiten, oder hat sich da was dran geändert?
Ein Leser, dessen Feuerwerksplanung zum Rohrkrepierer wurde

Sehr geehrter Leser,
tatsächlich glauben viele, dass Weihnachten und Silvester nur als halbe Arbeitstage zählen. Etliche Firmen verfahren auch so, aber nur aus Kulanz. Denn das Bundesarbeitsgericht hat entschieden, dass es sich bei beiden Tagen um ganz normale Werktage handelt. Wer also arbeiten

muss, bekommt keine Sonderzuschläge oder Freizeitausgleich. Und wer sich die Tage freinehmen will, muss dafür volle Urlaubstage opfern – sogar dann, wenn die arbeitenden Kollegen vom Chef früher nach Hause geschickt werden.

Kapitel 9

Auto – sind wir schlauer, als die Polizei erlaubt?

Wahrhaftig gibt es lustigere Dinge, als ein Knöllchen oder sogar Punkte in Flensburg zu kassieren. Entsprechend wenig amüsiert sind Leser, die sich deswegen bei uns nach der Rechtmäßigkeit dieser Strafen erkundigen. In anderen Zuschriften geht es um die unerfreulichen Folgen von Verkehrsunfällen, um Probleme mit dem TÜV oder um Gebrauchtwagen, die sich schon kurz nach dem Kauf in ihre Einzelteile zerlegt haben. Auch in diesen Fällen versuchen wir stets, Lösungen aufzuzeigen und Tipps zu geben, wie sich die missliche Angelegenheit möglichst schnell aus der Welt schaffen lässt. Doch hin und wieder bekommen wir zum Thema Auto Zuschriften, die eine Sternstunde für jeden Service-Redakteur sind. Entweder weil die Fragestellung erfrischend kurios ist – oder weil man(n) uns verzweifelt nachzuweisen versucht, dass man schlauer ist als wir.

Gilt vor einer Schule Tempo 30, auch wenn gerade Ferien sind?

Liebe Redaktion,
als Bürger der Kleinstadt ... weiß ich, dass wegen der Haupt- und Grundschule in deren Bereich Tempo 30 gilt. Sonst gibt es dort keine weiteren verkehrstechnischen Gefahrenpunkte. Die Schulferien dauern noch bis einschl. ..., die Schule ist derzeit verwaist. Trotzdem wurde ich dort gestern gegen 9 Uhr bei ca. Tempo 50 geblitzt.

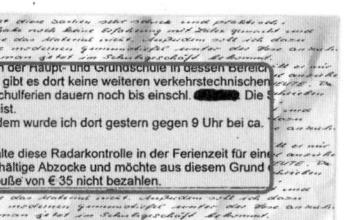

Ich halte diese Radarkontrolle in der Ferienzeit für eine gemeine und hinterhältige Abzocke und möchte aus diesem Grund die zu erwartende Geldbuße von € 35 nicht bezahlen. Können Sie mir beratend helfen (Verkehrsrechtsschutz ist vorhanden)?

Ein Leser, der nach dem Motto »Freie Fahrt für schulfreie Bürger!« Gas gibt

Sehr geehrter Leser,
grundsätzlich, so besagen es alle hierzu bereits ergangenen Urteile, sind Tempolimits durch Schilder auch dann zu beachten, wenn der eigentliche Grund dafür zurzeit nicht zu beachten wäre. Oft wird dann argumentiert, dass z.B. spielende Kinder den Schulhof auch in den Ferienzeiten nutzen könnten. Wir möchten Ihnen aber empfehlen, den vorhandenen Verkehrsrechtsschutz zu nutzen und mit einem Anwalt zumindest zu versuchen, angesichts der Umstände

eine Abweichung von den Regelsätzen des Bußgeldkatalogs durchzusetzen.

Schlüssel im Zündschloss – warum kriegen wir nach dem Diebstahl kein neues Auto?

Sehr geehrte Damen und Herren,
kürzlich wurde unser Auto (ein Mercedes S-Klasse CDI 400) am Flughafen ... gestohlen. Mein Mann hatte die Schlüssel am Auto gelassen, und obwohl er sehr nahe beim Fahrzeug war, verweigert die Versicherung die Erstattung des Schadens.

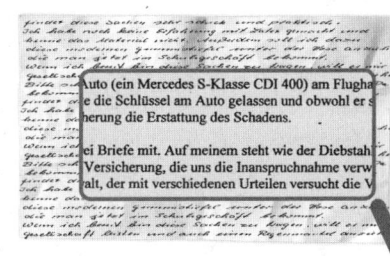

Anbei schicke ich Ihnen drei Briefe mit. Auf meinem steht, wie der Diebstahl genau passiert ist. Ein anderer ist von der Versicherung, die uns die Inanspruchnahme verweigert, und ein weiterer von unserem Anwalt, der mit verschiedenen Urteilen versucht, die Versicherung von unserer Unschuld zu überzeugen.

Mein Mann kann nichts für den Diebstahl. Er ließ den Schlüssel doch nur kurz im Zündschloss stecken und entfernte sich einige Meter vom Fahrzeug, um uns am Flughafen zu begrüßen. Exakt in dieser Sekunde sprang ein Dieb ins Auto, drückte die Zentralverriegelung, schnitt meinem Mann eine hämische Fratze und brauste davon. Dieser Verbrecher muss hervorragend ausgebildet gewesen sein, denn er war in der Lage, blitzschnell eine winzige Unachtsamkeit meines Mannes für seine niederen Zwecke zu nutzen. Wir können daher nicht nachvollziehen, warum die Versicherung uns keinen neuen Mercedes erstatten will.

Als ich Ihren Artikel in der Ausgabe Nr. 16 las, schöpfte ich wieder Hoffnung. Der Fall ähnelt unserem nämlich sehr. Können Sie dabei helfen, unsere Versicherung umzustimmen?

Eine Leserin, die gern wieder Mercedes, mit ihrer Versicherung jedoch am liebsten Schlitten fahren würde ...

Sehr geehrte Leserin,
grundsätzlich können wir keine Übereinstimmung zwischen unserem Beitrag in Heft 16 und Ihrem Fall feststellen. Da wurde der Autobesitzer bedroht – es handelte sich also, anders als in Ihrem Fall, um Raub. Wir bedauern deshalb, Ihnen keine Empfehlungen aussprechen zu können, und raten Ihnen, die Angelegenheit und das weitere Vorgehen mit den von Ihnen bereits konsultierten Anwälten zu besprechen.

Spart es Benzin, bergab den Motor auszustellen?

Sehr geehrte Redaktion,
wenn man Auto fährt, ist es da nicht klug, auf abschüssigen Strecken und bergab den Motor auszustellen? Schließlich rollt der Wagen dann von allein. Bei den heutigen Spritpreisen müsste man so doch enorm Benzin sparen. Ich

habe diesen Tipp noch nirgendwo gelesen. Wäre das nicht ein guter Rat für Ihre Leser? Über ein Honorar für meine Idee würde ich mich sehr freuen!

Eine 82-jährige Leserin, die gern bewiesen hätte, dass es gelegentlich sogar günstig sein kann, wenn's bergab geht

Sehr geehrte Leserin,
wir freuen uns immer sehr über Vorschläge und Anregungen unserer Leser. Herzlichen Dank für Ihren Brief! Es hat jedoch einen triftigen Grund, warum Sie Ihren »Benzinspartipp« noch nicht veröffentlicht gesehen haben – dabei handelt es sich nämlich um keine gute Idee. Und das hat einen technischen Hintergrund: Wer bergab den Motor ausstellt, spart auf diese kurze Distanz kaum Benzin. Außerdem fällt die vom Motor kommende Unterstützung für Servolenkung und Bremsen aus. Je nach Fahrzeugtyp wäre es sogar möglich, dass durch den zu weit zurückgedrehten Schlüssel die Lenkung blockiert. Der Spritsparer würde darum zu einer Gefahr für sich und andere. Bitte haben Sie darum Verständnis, wenn wir Ihren Tipp nicht veröffentlichen.

Mit Ihrem Vorschlag waren Sie aber zumindest auf der richtigen Fährte. In manchen Situationen kann es nämlich tatsächlich den Benzinverbrauch senken, wenn man zwischendurch den Motor abstellt. Das gilt aber nicht für das Fahren bergab, sondern immer dann, wenn an einer roten Ampel gehalten werden muss bzw. man im Stau steht. Dauert so eine Zwangspause voraussichtlich mindestens 20 Sekunden oder mehr, lohnt es sich, den Motor abzustellen. Das hat der ADAC vor kurzem ausgerechnet.

Darf ich mit einer kaputten Münze den Parkscheinautomaten austricksen?

Werte Redaktion,
als ich vor einiger Zeit ein Kurzpark-Ticket am Automaten ziehen wollte, rutschte meine Euro-Münze immer und immer wieder durch. Zum Glück hatte ich noch mehr Münzen in der Börse, und mit einer anderen klappte es dann. Leider! Denn gleich darauf »fiel der Groschen« bei mir: Warum hatte ich überhaupt bezahlt? Ich kann doch nichts dafür, wenn der Automat mein Geld nicht annimmt!? Das lässt sich sogar jederzeit beweisen. Denn bei Ärger mit der Polizei könnte ich die Münze nehmen und demonstrieren, dass sie (schade, schade!) durch den Automaten rutscht. Deswegen hüte ich sie inzwischen wie ein Goldstück und setze sie fleißig ein. Nie lässt sie mich im Stich, immer rasselt sie ganz zuverlässig durch. Dummerweise habe ich meiner Freundin von meinem Trick erzählt, und sie vermiest mir jetzt den ganzen Spaß. Sie meint, dass ich mehr Glück als Verstand habe, dass ich noch nicht erwischt und bestraft worden bin. Ich dagegen finde, dass es nicht meine Schuld ist, wenn der Automat einen Webfehler hat. Wer von uns beiden hat denn nun recht?
Eine Leserin, die das schöne Hobby der
Numismatik (= Münzkunde) auf eher ungewöhnliche
Art und Weise pflegt

Sehr geehrte Leserin,
wir bedauern, Ihnen mitteilen zu müssen, dass nicht Sie im Recht sind, sondern Ihre Freundin. Die Gesetzeslage ist eindeutig. Will ein Parkscheinautomat eine Münze nicht

schlucken, so muss man sich ein anderes Geldstück beschaffen – oder woanders parken. Nur bei einem defekten Automaten darf man das Auto dort mit Parkscheibe abstellen. Eine einzelne durchfallende Münze aber gilt nicht als Automatendefekt, sondern als persönliches Pech. Ein Polizist könnte bei Ihnen zwar ein Auge zudrücken, wenn Sie ihm die defekte Münze vorführen, muss er aber nicht. Sie sollten daher auf Ihre Freundin hören und in Zukunft ganz regulär ein Parkticket ziehen.

Führerschein weg – kriege ich in Polen einen neuen?

Betr.: Ihr Bericht über den EU-Führerschein
Sehr geehrte Redaktion,

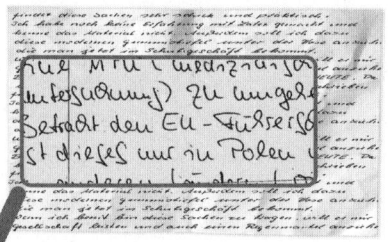

herzlichen Dank für die Zusendung der erbetenen Infos. Jetzt habe ich noch eine zusätzliche Frage: Wenn ich in Polen einen neuen Führerschein erwerbe, hat dieser dann uneingeschränkte Gültigkeit oder gibt es Bedenken? Um eine MPU (medizinisch-psychologische Untersuchung) zu umgehen, ziehe ich in Betracht, den EU-Führerschein zu machen. Ist dieses nur in Polen möglich oder auch in anderen Ländern (vielleicht haben Sie Adressenmaterial)?
Eine erfinderische Leserin, die unkonventionelle Problemlösungen zu bevorzugen scheint

Sehr geehrte Leserin,

wir möchten darauf hinweisen, dass der Erwerb eines Führerscheins im Ausland zunehmend zu erheblichen Problemen führt, zumal die dort geltenden Vergaberegeln genau zu beachten sind. Grundvoraussetzung für den Erwerb eines Führerscheins in den Nachbarländern z. B. ist meist, dass man dort etwa 180 Tage gemeldet ist. Und während einer durch deutsche Behörden verhängten Sperrfrist (bei Führerscheinentzug, Anordnung einer MPU) dürfte auch mit dem EU-Führerschein bei uns nicht gefahren werden. Unmittelbar hinter den Grenzen zu Polen und auch den Niederlanden gibt es zwar Fahrschulen, die Lösungen bezüglich der Meldefrist anbieten. Aus rechtlichen Gründen möchten wir aber von solchen Scheinanmeldungen dringend abraten. Außerdem bitten wir um Verständnis dafür, dass wir Adresslisten oder weitere Hinweise nicht herausgeben können, da in Ihrem Fall offenbar die strafbare Umgehung von Gesetzen geplant ist und wir hierzu keine Beihilfe leisten dürfen.

Sind Männer die besseren Autofahrer?

Hallo liebe Redaktion,
mein Freund ist ein lieber Kerl. Aber als Beifahrer ist er eine Nervensäge! Wenn ich z. B. seiner Meinung nach nicht »zügig« genug fahre, weil ich nicht rasen, sondern noch lebend an unserem Ziel ankommen will, heißt es gleich, dass ich am Steuer eigentlich sowieso nichts zu suchen habe, weil Männer die besseren Autofahrer sind! Dabei habe ich neulich eine Statistik gelesen. Die zeigte, dass das Gegenteil

stimmt. Können Sie mir die mal bitte zuschicken oder andere Gegenbeweise liefern? Ich würde meinem Freund endlich sooo gern beweisen, was für einen Schwachsinn er immer ablässt!

Eine geplagte Leserin, die ihrem Liebsten gern in die Parade fahren würde

Sehr geehrte Leserin,
da helfen wir doch gern! Sie haben richtig gelesen: Männer sind in der Tat deutlich schlechtere Autofahrer als Frauen. 78 Prozent aller Eintragungen in der Flensburger Verkehrssünderkartei betreffen Männer – und nur etwa ein Viertel der dort insgesamt als Punktesammler notierten Autofahrer sind Frauen. Der häufigste Verstoß bei beiden Geschlechtern ist zu schnelles Fahren. Das zweithäufigste Delikt bei Männern ist Fahren unter Alkohol, bei Frauen ist es die Missachtung der Vorfahrt. Wir hoffen, Ihnen damit weitergeholfen zu haben und auch, dass diese Fakten die Vorurteile Ihres Partners wenigstens etwas ins Wanken bringen.

Wegen Alkohol ist der Führerschein weg. Wie sage ich es meinen Jungs?

Werte Redaktion!
Wissen Sie, ich bin ein Sturkopf. Vielleicht können Sie mir trotzdem helfen. Ich bin im betrunkenen Zustand Auto gefahren, habe aber keinen Unfall gebaut. Konsequenz: neun Monate Fahrerlaubnisentzug und eine hohe Geld-

strafe. Ich finde, das war zu hart. Und warum hat mir die Polizei eigentlich nicht vorher die Autoschlüssel weggenommen? Die hatten nämlich schon auf mich gewartet und mich in die Falle laufen lassen. Dabei soll die Polizei doch auch Straftaten verhindern, bevor sie überhaupt passieren …

Nun aber zu meinem eigentlichen Problem: Um meinen Führerschein zurückzubekommen, muss ich einen Idiotentest machen (315 Euro). Falle ich durch, wird es noch teurer. Aber warum muss ich einen Neuantrag stellen, ich habe doch meinen Führerschein?! Auch habe ich kein Problem mit Alkohol!

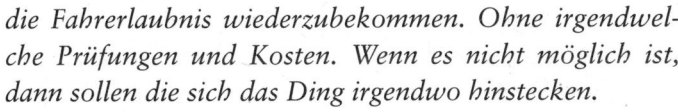

Es wäre schön, wenn Sie mir helfen könnten, die Fahrerlaubnis wiederzubekommen. Ohne irgendwelche Prüfungen und Kosten. Wenn es nicht möglich ist, dann sollen die sich das Ding irgendwo hinstecken.

Schön wäre es, wenn ich meinen 3 kleinen Jungs sagen könnte: »Morgen fahren wir wieder Auto!«

Ein Leser, der die Rolle des treuherzigen, kinderlieben Unschuldslamms überzeugend ausfüllt

Sehr geehrter Leser,
grundsätzlich würden wir Ihnen natürlich gern dabei helfen, dass Ihre drei kleinen Jungs sich wieder auf das Autofahren mit Ihnen freuen können. Aber leider gibt es so ein Patentrezept nicht. Wir kennen die genauen Umstände

Ihres Trunkenheitsdeliktes nicht. Nach Ihren Angaben aber hat es sich um ein erhebliches Überschreiten der Grenzwerte und damit um eine Straftat gehandelt. Und in solchen Fällen ist der von Ihnen skizzierte Weg auch mit den dadurch entstehenden Kosten und der MPU völlig normal und kaum abzukürzen oder zu verbilligen.

Muss ich vor kaputten Ampeln bis zum Sankt-Nimmerleins-Tag warten?

Sehr geehrte Redaktion,
vor kurzem musste ich eine halbe Ewigkeit vor einer roten Ampel warten. Das war auf der Landstraße an einer Baustelle. Als ich schon dachte, das Ding sei kaputt, sprang die Ampel endlich auf Grün. Nun frage ich mich aber, was man eigentlich macht, wenn man das Pech hat, wirklich mal vor einer dauerroten Ampel zu stehen? Ampeln können schließlich auch mal spinnen. Muss man dann bis zum Sankt-Nimmerleins-Tag davor warten? Das wäre ja furchtbar und würde Riesenstaus verursachen.

Eine Leserin, die sich nicht hinters (Ampel-)Licht führen lassen möchte

Sehr geehrte Leserin,
Sie haben recht: Wer vor einer auf Dauerrot stehenden Ampel wartet und annehmen muss, dass die Schaltung defekt ist, darf nach einer angemessenen Wartezeit vorsichtig in die Kreuzung hineinfahren und dann unter größter Rücksichtnahme auf andere Autofahrer starten.

Das jedenfalls sagt dazu der ADAC. Als angemessen gelten allerdings mindestens zwei üblich lange Schaltphasen. Bei einer Abbiegerampel sollte man also drei bis fünf Minuten warten!

Kapitel 10

Gesundheit – kann einen richtig krank machen

Hand aufs Herz: Haben Sie sich nicht auch schon einmal von einem Arzt schlecht behandelt gefühlt oder sich über Ihre Krankenkasse geärgert? Glückwunsch, dann sind Sie in bester Gesellschaft! Ein hoher Prozentsatz unserer Leser (und nicht nur die älteren) müht sich mit derlei Problemen ab, und wir freuen uns dann immer, wenn wir zwischen beiden Parteien vermitteln können. Darüber hinaus gibt es allerdings auch medizinische Fragen, die so delikat oder ungewöhnlich sind, dass sie nicht laut ausgesprochen werden, weil die Angst zu groß ist, deswegen ausgelacht zu werden oder auf völliges Unverständnis zu stoßen. Umso mehr fühlen wir uns geehrt, dass wir auch in solchen Fällen als seriöse Anlaufstelle gelten. Denn so kauzig manche Frage auch erscheinen mag, ist uns doch sehr bewusst, dass sich dahinter immer ein Mensch verbirgt, der ernst genommen werden möchte.

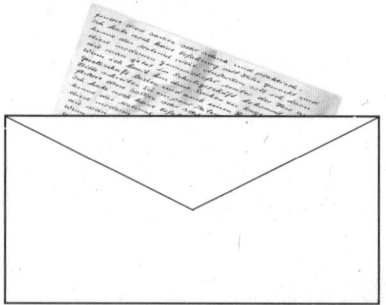

Welcher Vibrator ist für eine Allergikerin gesundheitlich unbedenklich?

Sehr geehrte Redaktion,
hiermit bitte ich Sie um Rat und Verständnis. Mein Mann war sehr lange krank und ist inzwischen gestorben. Leider ließ er mich naturgegeben mit vielen Problemen allein. Mir ist nun folgende Frage sehr peinlich.
Ich bin Allergikerin und bekomme vom Versandhandel diverse Kataloge, u.a. mit Sexprodukten wie Vibratoren und dergleichen. Aber wie unbedenklich sind diese Sachen? Latex und Gummi vertrage ich nicht, aber was ist Silikon genau? Können Sie mir zum Kauf raten oder abraten?
Eine Leserin, die beim Entspannen unliebsame Überraschungen vermeiden möchte

Sehr geehrte Leserin,
normalerweise kann bei sachgemäßer Anwendung von den genannten Hilfsmitteln keine Gesundheitsgefahr ausgehen. Zu berücksichtigen wäre nur die von Ihnen erwähnte Latex-Allergie. Dazu muss man wissen, dass es sich bei Latex um ein natürliches Kautschuk-Produkt handelt. Allergische Reaktionen auf Silikon sind jedoch nicht bekannt.

Schmuddeliger Firmen-PC – kann man sich da die Krätze holen?

Sehr geehrte Damen und Herren,
wir Frauen müssen uns im Betrieb einen PC mit den Män-

nern teilen. Weil wir in der Fertigung arbeiten, braucht
nicht jeder von uns einen eigenen Computer. Wir Frauen
haben aber den Eindruck, dass der Arbeitsplatz und beson-
ders die Tastatur sehr schnell verschmutzen. Insbesondere
die Herren der Schöpfung geben sich nicht gerade Mühe,
dort mal sauber zu machen oder mit frisch gewaschenen
Händen ans Tippen zu gehen. Hygienisch kann das nicht
sein, von dem schmuddeligen PC kriegen wir noch alle die
Krätze oder Schlimmeres. Und jetzt?

Eine Leserin, die sich nicht von einem Computer-Virus
infizieren lassen möchte ...

Sehr geehrte Leserin,
arbeitsmedizinische Studien haben ergeben, dass gerade die
Schreibtische der weiblichen Mitarbeiter oft regelrechte
Tummelplätze für Bakterien und viel schmutziger als die
Schreibtische ihrer männlichen Kollegen sind! Zum einen
kommen z.B. Mütter vor Dienstbeginn häufiger mit kran-
ken Kindern in Berührung als berufstätige Väter. Und zum
anderen neigen Frauen eher dazu, Nahrungsmittel auf der
Arbeitsfläche abzulegen. Sie sehen also, dass auch in Ihrer
Firma es nicht unbedingt nur die Männer sein müssen, die
sich als »Schmutzfinken« entpuppen.

Zur Desinfektion von Tastatur, Maus, Gehäuse, Telefon
und anderen Arbeitsutensilien gibt es im Handel aber zahlreiche verlässliche Reinigungsmittel. Sie beseitigen Bakterien,
Viren, Pilze u. a. Keime ohne großen Aufwand. Erkundigen
Sie sich bei Ihrem Arbeitgeber, ob er den regelmäßigen Einsatz eines solchen Reinigungsmittels ermöglichen könnte.

Gehirnerschütterung – warum passiert das den Spechten nicht?

Sehr geehrte Damen und Herren,
ich bin kürzlich beim Joggen gegen einen Baum gerannt.

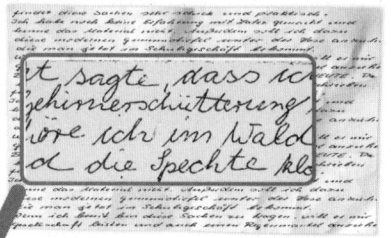

Dafür konnte ich nichts, der stand plötzlich im Weg. Mir brummte der Schädel, und der Arzt sagte, dass ich eine Gehirnerschütterung habe. Nun höre ich im Wald dauernd die Spechte klopfen, die machen ja wohl den ganzen Tag nichts anderes. Warum kriegen die Viecher denn keine Gehirnerschütterung, wenn mir das schon nach einem einzigen Bums passiert?

Ein Leser, dessen Hammer-Frage
bei uns zum Klopfer der Woche wurde

Sehr geehrter Leser,
Sie stellen eine interessante Frage. Und auch wir hatten nicht sofort eine Antwort parat, sondern mussten ein bisschen recherchieren. Dabei fanden wir heraus, dass ein Specht bis zu zwanzig kräftige Schnabelhiebe pro Sekunde ausführen kann. Ohne dauernde Kopfschmerzen bzw. Gehirnerschütterungen gelingt ihm das nur, weil sein Gehirn von kräftigen Muskelsträngen umgeben ist, die jeden Schlag effektiv abfedern. Und im Unterschied zu uns Menschen gibt es wenig Gehirnflüssigkeit, das Hirn »schwimmt« also nicht wie bei uns beweglich in der Schädelhülle, sondern sitzt relativ starr und fest. Stoßen wir mit

dem Kopf an einen harten Gegenstand, schleudert unser Gehirn von innen gegen den Schädelknochen, und wir handeln uns eine Gehirnerschütterung ein. Wie unangenehm das ist, mussten Sie ja gerade am eigenen Leib erfahren. Dem Specht bleibt das erspart, denn sein Gehirn sitzt fest und stößt daher beim Klopfen nicht an den Schädel.

Verstrahlt mich mein Handy, wenn es auf dem Nachttisch liegt?

Liebe Redaktion,
ich bin im Außendienst tätig und viel auf Reisen. Häufig muss ich im Hotel übernachten und hab mich schon mehrmals über kaputte Uhren auf dem Nachttisch oder den unzuverlässigen Weckdienst der Rezeption geärgert. Eigentlich wäre es sehr praktisch, die eingebaute Weckfunktion meines Handys zu nutzen. Bislang habe ich das aber nie getan. Man hört ja so viel von der Strahlung, die man im Schlaf abkriegt, wenn das Telefon direkt neben dem Bett liegt. Da ist die Gefahr einer Überdosis doch viel größer als in den kurzen Zeiten, wo man telefoniert. Oder was meinen Sie?

Ein Leser, der zu seinen morgendlichen
Geschäftsterminen zwar gut gelaunt,
aber nicht »strahlend« erscheinen möchte

Sehr geehrter Leser,
in der Tat benutzen viele Leute den im Handy eingebauten Wecker nicht, weil sie die Handystrahlung vom Nachttisch

fürchten. Doch bisher ist überhaupt nicht geklärt, ob diese Strahlung wirklich ein Gesundheitsrisiko darstellt. Sie können aber auf Nummer sicher gehen und Ihren Handywecker gefahrlos nutzen. Er funktioniert nämlich bei fast allen Geräten auch dann, wenn sie abgeschaltet sind. Um zu testen, ob das auch bei Ihrem Handy klappt, versuchen Sie bitte einmal das Folgende: Wecker so stellen, dass er in zwei Minuten klingelt, dann das Handy abschalten und warten, ob es den Weckruf ausführt. Ist Ihr Gerät dazu in der Lage, können Sie es gefahrlos auf dem Nachttisch liegen lassen, denn bei abgeschaltetem Handy kann gar keine Strahlung entstehen.

»Mundgeruch« aus der Nase – was tun?

Hallo Redaktion,
ich habe ein Problem. Ich rieche sehr unangenehm aus der Nase (so ähnlich wie andere Leute aus dem Mund). Am stärksten ist der Geruch morgens. Wissen Sie vielleicht, was man dagegen tun kann?

Eine Leserin, die alle naselang ein seltsames Aroma
an die Umwelt abgibt

Sehr geehrte Leserin,
grundsätzlich können wir keine Ferndiagnosen stellen, sondern empfehlen Ihnen einen sofortigen Besuch beim Arzt. Der Nasengeruch weist vermutlich auf ein Problem mit den Nebenhöhlen hin, eventuell auf eine chronische Entzündung. Die lässt sich aber mit entsprechenden Medikamen-

ten sehr gut und schnell behandeln. Wir wünschen Ihnen gute Besserung!

Gedächtnislücken, weil zu viel Senf dumm macht?

Sehr geehrte Redaktion,
ich bin 63 Jahre alt und fürchte, dass mit mir nicht mehr viel los ist. Ich vergesse öfter was, und es ist auch schon vorgekommen, dass ich Sachen verlege. Ich wohne mit meiner Mutter (89), die ich versorge, unter einem Dach. Sie ist geistig noch voll da. Ihr macht es diebischen Spaß, mich mit meiner Schusseligkeit aufzuziehen. Zum Beispiel sagt sie dauernd: »Senf macht dumm!«, wenn mich mein Gedächtnis mal wieder im Stich lässt. Es stimmt, ich streiche mir tatsächlich meist Senf auf die Stulle und esse überhaupt gern scharf. Allmählich macht mich dieser Spruch ganz nervös. Könnte es denn wirklich sein, dass ich durch Senf verblöde? Wenn das stimmt, würde ich sofort aufhören, dieses Teufelszeug zu essen.
Eine Leserin, die wir mit unserer Antwort hoffentlich etwas »besenftigen« konnten

Sehr geehrte Leserin,
genießen Sie bitte weiterhin unbesorgt Ihren Senf! Dass man davon dumm wird, ist nur ein altes Ammenmärchen. Denn Senf ist sogar überaus gesund. Das in ihm enthaltene Glucosinolat z.B. fördert die Magensaftproduktion, den Speichelfluss und damit letztendlich die Verdauung. Die Behauptung, dass Senf dumm macht, wurde von blausäure-

bildenden Substanzen abgeleitet, die in cyanogenen Senf-
ölen nachweisbar sind. Diese Öle jedoch sind in Senf überhaupt nicht enthalten! Sie finden sich eher in Bitterman-
deln und Bambussprösslingen. Deren übermäßiger Verzehr
könnte daher in der Tat das Gehirn schädigen. Allerdings
müsste man dann schon regelmäßig Unmengen davon zu
sich nehmen. Und dass Sie ab und zu etwas vergessen, ist
normal und sollte Sie nicht beunruhigen. Bedenken Sie
bitte, dass die Pflege eines alten Menschen eine schwere
Aufgabe ist, die Ihnen enorm viel abverlangt und schon
jüngere Menschen an den Rand der Belastbarkeit bringen
kann. Bei allem, was Sie leisten müssen, finden wir es nicht
ungewöhnlich, dass Ihr Gehirn dann und wann mal streikt.
Wenn Sie es ein wenig trainieren (z. B. mit Hilfe von Kno-
belaufgaben oder Kreuzworträtseln), können Sie es aber
vorm Einrosten bewahren.

Tote Katze unterm Apfelbaum –
kann ich die Äpfel noch essen?

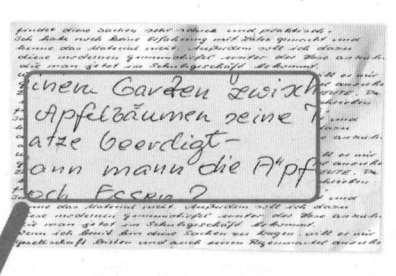

*Sehr geehrte Damen und
Herren,
ein Arbeitskollege hat in
seinem Garten zwischen
zwei Apfelbäumen seine
tote Katze beerdigt. Kann
man die Äpfel noch es-
sen?*

Eine Leserin, die sich nicht wegen eines tierischen
Trauerfalls den Magen verderben möchte

Sehr geehrte Leserin,
generell ist die Bestattung von Kleintieren im eigenen Garten erlaubt, weil davon keine Boden- oder Gewässerbeeinträchtigung ausgehen kann. Denn beim oft erwähnten »Leichengift« handelt es sich nach neuen wissenschaftlichen Studien um eine Legende. Zwar entstehen beim Verwesen von Fleisch tatsächlich Eiweiß- und Schwefelverbindungen, die eine geringe Giftigkeit aufweisen. Aber selbst das Wasser aus einem Brunnen, in dem ein totes Tier liegt, tötet keinen Menschen. Vermutlich entstand die Legende vom tödlichen Leichengift zu jener Zeit, als das Vorhandensein und die Wirkung von Bakterien und Viren noch nicht bekannt waren und man also annahm, von der Leiche (und nicht von den ihr noch anhaftenden Krankheitserregern) ginge eine Gefahr aus. Die Zerfallsprodukte von Fleisch dürften in den Äpfeln gar nicht mehr nachweisbar sein. Trotzdem müssen Kleintiere (je nach Größe) in einer Tiefe von etwa 60 Zentimeter bis anderthalb Meter beigesetzt werden – vor allem um ein Ausbuddeln durch andere Tiere zu vermeiden.

Können Sie mir mal sagen, wieso ich noch am Leben bin?

Sehr geehrte Redaktion,
Sie sollten mich mal ausführlich interviewen, denn ich bin ein Wunder! Die Geschichte wird Sie vom Hocker reißen: Und zwar: Beim Baden ist mir der Föhn ins Wasser gefallen, und nun stehe ich hier vor Ihnen!!! Ja, Sie lesen richtig – ich lebe noch! Denn die Sicherung sprang heraus. Warum, weiß ich auch nicht, das sollen Sie mir bitte sagen. Vor

Schreck habe ich doll gezappelt und mir ein paar blaue Flecke eingehandelt. Ansonsten ist mir kein Haar gekrümmt worden, ich bin munter wie ein Fisch im Wasser. Das kapiere ich nicht! Im Film sind die Leute sofort hin, wenn ihnen einer einen Föhn ins Badewasser schmeißt. Ich hab schon überlegt, ob das vielleicht eine Botschaft von oben sein könnte? Ich war seit meiner Kommunion nicht mehr in der Kirche. Soll ich mich vorsichtshalber mal wieder dort blicken lassen? Wie gesagt, ich muss unbedingt wissen, warum ich noch lebe!

Eine robuste Leserin, die glücklicherweise
nicht totzukriegen ist

Sehr geehrte Leserin,
sicherlich kann es kein Fehler sein, sich mal wieder in der Kirche blicken zu lassen. Aber dass Sie noch leben, haben Sie wohl in erster Linie dem Fehlerstrom-Schutzschalter in Ihrem Sicherungskasten zu verdanken. Der dürfte es gewesen sein, der ausgelöst hat – und nicht die normale Sicherung, denn diese löst nur bei einem normalen Kurzschluss durch Überlastung aus. Die Schutzschalter aber unterbrechen in Sekundenbruchteilen die elektrische Energie, wenn Strom vom spannungsführenden Draht durch den Körper eines Menschen oder Tieres in den Boden fließt. Bildlich dargestellt, merkt der Schutzschalter, wenn durch den einen Draht mehr Strom abfließt, als durch den anderen zurückfließt. Die normale Sicherung merkt das nicht sofort. Deshalb sind solche Fehlerstrom-Schutzschalter in Feuchträumen wie z.B. Bädern zusätzlich zur normalen Sicherung vorgeschrieben. Und das, wie man bei Ihnen sieht, aus gutem Grund.

Ist ein Hoden heutzutage nichts mehr wert?

Sehr geehrte Damen und Herren,
angesichts des Ärgers mit unserer Versicherung frage ich
mich, ob ein Hoden heutzutage tatsächlich nichts mehr
wert ist und auch, ob sein Verlust nicht wenigstens dazu
berechtigt, eine Invaliditätsrente zu beziehen. Zu den Hin-
tergründen: Mein Sohn (21) hat infolge eines Sportunfalls
seinen rechten Hoden
verloren. Die Unfallver-
sicherung beauftragte ei-
nen Urologen, eine Be-
gutachtung zu erstellen.
Nach vier Monaten teilte
dieser Facharzt in einem

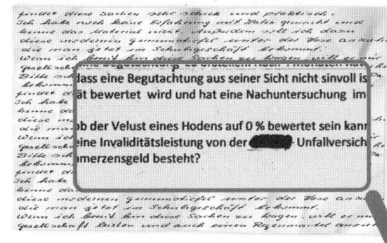

kurzen Brief mit, dass eine Begutachtung aus seiner Sicht
nicht sinnvoll ist, weil der Verlust eines Hodens auf 0 %
Invalidität bewertet wird, und hat eine Nachuntersuchung
im November vorgeschlagen.

Bitte schreiben Sie mir, ob der Verlust eines Hodens auf
0 % bewertet sein kann und ob für meinen Sohn ein
Anspruch auf eine Invaliditätsleistung von der … Unfall-
versicherung oder auf Schmerzensgeld besteht.

> Eine Leserin, die ihre Zukunft
> als glückliche Großmutter in Gefahr sieht

Sehr geehrte Leserin,
zwar hat das Landgericht Regensburg (Az. 4 O 2167/06)
ein Schmerzensgeld von 15000 Euro für Hodenverlust zuerkannt. Im Falle Ihres Sohnes wäre aber zu prüfen, ob
und gegen wen sich dieser Anspruch richten könnte und ob

er auf Basis dieses Urteils durchsetzbar wäre. Denn nach der Gliedertaxe der Unfallversicherung wäre womöglich tatsächlich keine Zahlung zu leisten. Zumal ein Mann mit nur einem Hoden noch zeugungsfähig sein kann. Wir möchten Ihrem Sohn empfehlen, sich mit einem Patientenberater (nennt die Verbraucherzentrale) oder Anwalt zu besprechen, der die Erfolgsaussichten einer Klage prüfen und entsprechende Empfehlungen geben kann, was wir nicht dürfen. Lässt das Einkommen Ihres Sohnes eine anwaltliche Beratung nicht zu, kann er sich mit Verdienstnachweisen an die Geschäftsstelle des zuständigen Amtsgerichts wenden und sich dort nach staatlicher Beratungs- und Prozesskostenhilfe erkundigen.

Meine Enkelin hat einen dicken Fuß. Liegt das am Elektrosmog?

Liebes Redaktionsteam!
Meine 16-jährige Enkelin hat seit einiger Zeit einen dicken Fuß. Ihre Mutter (also meine Tochter) war deswegen mit ihr schon bei mehreren Ärzten. Einer meinte, die Schwellung würde durch Stress verursacht. Das ist doch Blödsinn! Auch der Chirurg und der Hautarzt wussten nichts Gescheites zu sagen. Schließlich schickte man sie in eine Klinik. Dort werden gerade viele Untersuchungen durchgeführt. U.a. will man eine Darmspiegelung durchführen, weil man

Bakterien im Stuhl vermutet. Meiner Meinung nach sind das alles Fehldiagnosen. Ich befürchte, dass der dicke Fuß meiner Enkelin durch Elektrosmog kommt. Ich frage Sie also als Experten: Kann man an Elektrosmog erkranken, und wie sind die Folgen? Meine Enkelin hat ein kleines Zimmer und zig Elektrogeräte darin. Alles, was man sich denken kann. Das will aber meine Tochter nicht wahrhaben. Ich habe sie gebeten, dass sie in der Klinik endlich darüber redet. Leider glaubt meine Tochter, dass ich ihr Hokuspokus erzähle. Ich bin 77 Jahre und mache mir große Sorgen um mein Enkelkind!

Eine Leserin, die fürchtet, dass technische Geräte unsichtbare »Nebel/n-Wirkungen« haben können

Sehr geehrte Leserin,
zum Glück können wir Ihre Bedenken zerstreuen, dass durch Elektrosmog körperliche Beeinträchtigungen auftreten, wie sie bei Ihrer Enkelin zu beobachten sind. Nach neueren Untersuchungen gilt der Elektrosmog durch Haushaltsgeräte als ungefährlich, weil diese strenge Richtwerte für die elektromagnetische Strahlung einhalten müssen. Wir hoffen, dass es bald eine gesicherte Diagnose für Ihre Enkelin gibt und eine schnelle Besserung eintritt.

Mein Mann ist ein Witzbold und albert viel. Könnte er sich totlachen?

Sehr geehrte Redaktion,
mein Mann und ich sind seit 34 Jahren verheiratet. Er ist

ein oller Scherzkeks und hat den ganzen Tag nur Albern-
heiten im Sinn. Meine Freundin findet, dass er nie erwach-
sen geworden ist. Aber ich liebe ihn, auch weil es mit ihm
immer so unterhaltsam ist. Natürlich habe ich manchmal
meine liebe Not mit ihm, wenn er nicht mehr zu bremsen
ist und einen (schlechten) Witz nach dem anderen reißt,
obwohl seine »Ein-Mann-Show« die anderen Leute gar
nicht interessiert. Zum Beispiel im Lokal oder im Reisebus.
Ich ernte dann meist strenge Blicke und fühle mich wie
eine Mutter, die ihren ungezogenen Bengel nicht im Griff
hat. Weil das aber schon seit 34 Jahren so geht, habe ich
mich daran gewöhnt. Mich beunruhigt etwas anderes:
Mein Mann lacht über seine Clownerien selbst am lau-
testen. Und ich habe allmählich Angst, dass das schädlich
für ihn sein könnte. Denn jetzt kriegt er beim Lachen
manchmal kaum noch Luft und keucht und prustet vor
Vergnügen. So schlimm, dass sich das für mich nicht mehr
gesund anhört. Könnte er sich eines Tages vielleicht wirk-
lich totlachen? Das Wort gibt es ja, also muss wohl etwas
dran sein, oder?

Eine Leserin, deren Sorge alles andere
als lachhaft ist

Sehr geehrte Leserin,
Mediziner halten es in der Tat für möglich, dass man sich
totlachen kann. Denn durch einen heftigen Lachanfall
kann es zu heftigen Herzrhythmusstörungen kommen, in
schweren Fällen sogar zum Herzstillstand. So starb z. B.
vor einigen Jahren ein Thailänder, nachdem er zuvor in
der Nacht durch einen Lachanfall aufgewacht war. Wir
möchten Sie aber nicht unnötig beunruhigen. In den meis-

ten Fällen ist Lachen nämlich völlig harmlos und sogar eher gesund. Denn dabei werden von Kopf bis Bauch rund 300 Muskeln angespannt. Herzinfarktpatienten lachen sogar unter ärztlicher Kontrolle, um ihren Blutdruck zu senken und das Risiko für einen neuen Infarkt zu reduzieren. Es ist also mehr als wahrscheinlich, dass die heitere Art Ihres Mannes sein Leben eher verlängern als verkürzen wird.

Kapitel 11

Urlaub – die schlimmsten Wochen des Jahres?

Im Reklamieren von Reisemängeln macht uns Deutschen so schnell keiner was vor. Das hat eine gute Seite, denn so werden allzu dreiste Veranstalter, Hoteliers und Transportunternehmen erfolgreich in ihre Schranken verwiesen. Falls sich die »schönsten Wochen des Jahres« tatsächlich als purer Horrorurlaub entpuppen, sind wir gern zur Stelle und reiben uns zugegebenermaßen ein wenig die Hände, wenn wir unseren Lesern im Kampf gegen miese Ferien-Abzocker assistieren dürfen. Es gibt aber auch eine schlechte Seite, wenn z. B. der eine oder andere »Berufsmeckerer« mit Vorsatz gleich aus jeder Mücke einen Todes-Moskito macht. Und das nur, um möglichst viel Geld herauszuschinden. Doch wer auf dieser Masche reist, hat bei uns schlechte Karten, solche Touren unterstützen wir nicht!

Lohnt es, für eine Gratisreise 518 Euro zu bezahlen?

Betr.: Gratis-Hotelaufenthalt an der Türkischen Riviera
Sehr geehrte Redaktion,
kürzlich las ich einen Bericht von Ihnen, dass Gratisurlaub
meist ein Schwindel ist. Jetzt sind wir verunsichert, weil
ich von der Firma ... einen
Gratis-Aufenthalt in der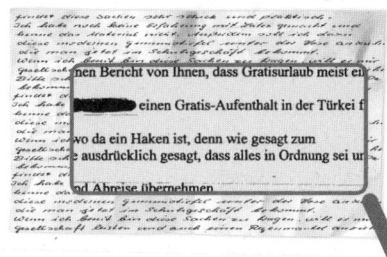
Türkei für zwei Personen
bekommen habe.

Wir haben auch telefo-
nisch nachgefragt, wo da
ein Haken ist, denn wie
gesagt, zu verschenken hat
niemand etwas! Es wurde ausdrücklich gesagt, dass alles in
Ordnung sei, und somit haben wir gebucht.

Wir müssten nur die Kosten für die An- und Abreise
übernehmen.

Eine Anzahlung von 96 Euro haben wir bereits geleistet,
bald wird der Restbetrag von 422,14 Euro fällig. Ist so
eine Gratisreise für 518,14 Euro in Ordnung?

Eine Leserin, die es sich etwas kosten lässt,
mal umsonst in den Urlaub zu fahren

Sehr geehrte Leserin,
grundsätzlich handelt es sich hier um kein überteuertes Angebot, obwohl es Sie ja hätte stutzig machen müssen, dass
die Gratisreise nun doch 518 Euro kostet. Und wenn Sie
die Reisebeschreibung genau lesen, werden Sie feststellen,
dass Sie noch nicht einmal wissen, in welcher Region und
in welchem Hotel Sie am Ende wirklich landen. In jedem

Reisebüro hätte man Ihnen für denselben Zeitraum und Abflug ab Stuttgart zu Preisen ab etwa 500 Euro ähnliche Angebote machen können – bei denen Sie nicht die Katze im Sack gekauft hätten. Ob es jetzt noch solche Angebote gibt, lässt sich nicht sagen. Am besten ist, Sie fragen selbst in Reisebüros nach und entscheiden dann, ob ein Storno lohnt. In jedem Fall sehen wir es als sehr schwerwiegenden Nachteil, dass Sie praktisch nicht wissen, wo Sie letztendlich wirklich für so viel Geld Ihren Urlaub verbringen müssen, denn Ansprüche auf ein bestimmtes Hotel oder einen bestimmten Ort haben Sie nicht.

Das Animationsprogramm war Stress.
Gibt es eine Entschädigung?

Sehr geehrte Redaktion,
weil wir uns mal was leisten wollten, haben wir Club-
urlaub in Griechenland gebucht. Zimmer und Essen gut,
Strand in Ordnung. Aber nun kommt's: Das Animations-
programm gab uns den Rest! Gleich morgens ging's los mit
allen möglichen Angeboten. Sportliche Sachen, zum Amü-
sieren diverse Spiele und lustige Wettkämpfe, aber auch
kreative Sachen (Batik, Modellieren und solches Zeug).
Abends gab's dann natürlich noch die Shows und lauter
Partys. Weil alles so verlockend war, haben mein Mann
und ich uns schon beim Frühstück gekabbelt, wer denn
nun wo wann was machen sollte, um alles mitzukriegen.
Das Angebot war viel zu reichhaltig, das konnte keiner
aushalten. Um nichts zu verpassen, haben wir uns trotz-
dem am Riemen gerissen und alles durchgezogen. Am

Ende der 14 Tage waren wir so kaputt, dass wir im Flieger erst mal eine Runde gepennt haben. Von Erholung keine Spur!!! So ein Stress-Urlaub ist doch das Letzte! Jetzt würden wir gern wissen, ob wir uns deswegen Geld zurückholen können?

Eine Leserin, die erfahren musste, dass »rastloses Ausspannen« sozusagen ein Widerspruch in sich ist ...

Sehr geehrte Leserin,

wir bedauern sehr, dass Sie sich in Ihrem Urlaub nicht so erholen konnten wie erhofft. Sie werden dennoch kaum eine Reisepreisminderung geltend machen können. Denn rein rechtlich gesehen, ist die Sache klar: Wer Urlaub in einem Clubhotel mit Animation bucht, muss damit rechnen, dass den Gästen ein umfangreiches Unterhaltungs- und Beschäftigungsprogramm angeboten wird. Das ist ja gerade Sinn und Zweck des Ganzen. Dahinter steht der Gedanke, dass sich jeder Gast gezielt solche Programmpunkte auswählt, die ihn besonders reizen – und den Rest der Zeit am Strand oder auf der Pool-Liege verbringt, um sich auszuruhen! Kein Clubbetreiber geht davon aus und noch weniger verlangt er es, dass Urlauber so viele Animationsangebote wie möglich annehmen und darüber in Stress oder sogar Streit geraten! Zwar ist das Personal angehalten, die Gäste immer wieder zu gemeinsamen Unternehmungen und Spielen aufzufordern. Aber selbstverständlich steht es jedem frei, so ein Angebot abzulehnen. Wir können Ihnen daher nur den Rat geben, die nächsten Ferien besser nicht in einem Clubhotel zu buchen. Für Sie kommt eher eine Unterkunft ohne Animation infrage. Sie müssen nicht fürchten, dass dann gar nichts »los« ist: Gute

Häuser bieten meist einige sportliche Aktivitäten und Ausflüge an, aber diese Angebote sind dann nicht so vielfältig, dass man sich als Gast davon überfordert fühlen könnte.

Warum werden Alleinreisende dafür bestraft, dass sie keinen Partner haben?

Sehr geehrte Damen und Herren,
ich möchte mal ein Thema aufgreifen, das mich schon lange bewegt. Warum gibt es Reise-Sonderangebote immer nur für 2 Personen? Wieso werden also Witwen und Alleinreisende immer mit höheren Preisen bestraft? Schließlich duscht nur eine Person, benutzt nur ein Bett, macht alles nur einmal schmutzig usw. Als Soloreisender büßt man ohnehin schon genug. Und dafür zahlt man auch noch die höchsten Preise ohne Aussicht auf Vergünstigung. Ich werde also dafür bestraft, dass ich keinen Partner mehr habe. Aber was kann denn ich dafür, dass mein seliger Mann bereits verstorben ist? Man kann doch nicht von mir verlangen, dass ich mit einer wildfremden Frau ein Zimmer teile, die mir das Reisebüro willkürlich zuteilt? Und das nur, um einen günstigeren Zimmerpreis zu erzielen. Jeder Mensch hat so seine Eigenheiten, und das fände ich nicht zumutbar – besonders nicht mehr in meinem Alter!

Vielleicht wäre das ja mal ein Thema, mit dem Sie sich beschäftigen könnten. Denn es ist doch besser, wenn Zim-

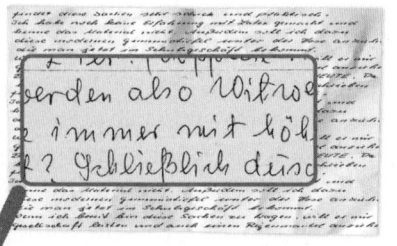

mer mit einer Person ohne Aufpreis besetzt werden, statt
dass sie leer stehen.

Eine Leserin, die sich alleingelassen fühlt –
von der Preispolitik der Reiseveranstalter

Sehr geehrte Leserin,
grundsätzlich ist Ihre Verärgerung über die vergleichsweise
hohen Einzelpreise für Alleinreisende im Einzelzimmer verständlich. Aber genau betrachtet, handelt es sich nicht um
einen Preisaufschlag für die Einzelreisenden, sondern um
einen Preisnachlass für alle, die im Doppelzimmer wohnen. Der Grund dafür ist, dass die Fläche eines Doppel-
zimmers lediglich um durchschnittlich zehn Prozent größer
ist als ein Einzelzimmer. Der Mehraufwand für Reinigung,
Reservierung und Energieverbrauch im Doppelzimmer
liegt in einer ähnlichen Größenordnung. Folglich könnte
ein Hotel die zweite Person im Doppelzimmer bereits für
einen Aufpreis von zehn Prozent plus der echten Mehr-
kosten für den Verzehr aufnehmen – und hätte mit der Ver-
mietung des Zimmers den gleichen Gewinn gemacht wie
mit einem Einzelzimmer. Da das Hotel natürlich nicht nur
zehn Prozent Aufschlag verlangt, macht es mit dem Doppelzimmer aber mehr Gewinn als mit dem Einzelzimmer.
Deshalb gelten Einzelzimmer in der Hotellerie sogar als
»Zuschussgeschäft« – und werden bei Neubauten meist
nicht mehr vorgesehen, sondern Doppelzimmer als Einzelzimmer vergeben. Sollte dies zum halben Preis eines Dop-
pelzimmers geschehen, würde das Hotel seine auf Doppelzimmer kalkulierte Gewinnspanne nicht erhalten. Da
würde das Hotel nicht mitspielen. Eine andere Lösung
wäre, den Doppelzimmerpreis so weit anzuheben, dass

selbst die Hälfte noch ausreichend wäre, die normale Gewinnspanne (bei der Vergabe an einen Einzelreisenden) zu erzielen – da würden die Reisenden im Doppelzimmer nicht mitspielen. Wir hoffen, Ihnen die Problematik damit erläutert zu haben, und bedanken uns für Ihre Themenanregung.

Darf ein 14-tägiger Urlaub nur zwölf Tage dauern?

Sehr geehrte Redaktion,
muss man es akzeptieren, dass bei Buchung einer Pauschalreise die Abflug- bzw. Ankunftszeiten so ungünstig

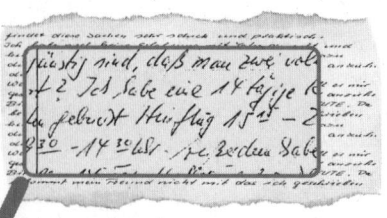

sind, dass man zwei volle Tage verliert? Ich habe eine 14-tägige Reise nach Ägypten gebucht. Hinflug 15.15 – 20.40 Uhr, Rückflug 9.30 – 14.30 Uhr. Außerdem habe ich doch für volle 14 Tage Verpflegung gezahlt. Aber wieso, wenn der Urlaub eigentlich nur 12 Tage dauert?
Eine clevere Leserin, die eine Chance wittert für revolutionäre Reise-Rabatte

Sehr geehrte Leserin,
leider ist es tatsächlich so, dass die Abflugzeiten für den Pauschalurlauber sehr ungünstig liegen – und ihm dadurch praktisch zwei Tage »geraubt« werden dürfen. Verschiedene Gerichtsentscheidungen haben bestätigt, dass der erste

und der letzte Urlaubstag nicht der Erholung dienen, sondern nur der An- und Abreise.

Hotel wurde vom Meer ins Landesinnere versetzt. Wie viel Schadenersatz gibt es?

Sehr geehrte Redaktion,
vor meinem letzten Ostsee-Aufenthalt müssen geheimnisvolle geologische Kräfte am Werk gewesen sein, die mir die Urlaubsfreude komplett vermiest haben! Mein Hotel wurde nämlich scheinbar und wie von Zauberhand von der Küste ins Hinterland versetzt! Keine Sorge, ich bin keine verrückte Alte, ich versuche nur, das Ganze mit Humor zu nehmen. Denn ich hatte 14 Tage mit Ü/F im Hotel »Seeschlösschen« gebucht. Im Prospekt war zwar nur das Gebäude abgebildet. Aber alles sah sehr gepflegt und gediegen aus. Und bei dem Namen ging ich fest davon aus, direkt am Wasser zu wohnen. Zu meiner großen Überraschung befand sich die Unterkunft aber weit im Landesinneren, etliche hundert Meter von der Küste entfernt! Da ich ein höflicher Mensch bin, habe ich mir nichts anmerken lassen, gewurmt hat mich die Sache dennoch. Am Abreisetag schrieb ich denen ins Gästebuch, dass sie ihr Hotel besser in »Waldschlösschen« umtaufen sollten! So bin ich meinen Ärger wenigstens etwas losgeworden. Jetzt möchte ich von Ihnen wissen, ob diese namentliche Irreführung überhaupt erlaubt ist? Und wenn nicht, wie viel Schadenersatz steht mir zu?

Eine Leserin, die es nicht schätzt,
im Urlaub »versetzt« zu werden

Sehr geehrte Leserin,

Sie bemängeln zu Recht die etwas fragwürdige Methode mancher Hoteliers, ihr – ungünstig gelegenes – Haus mit einem klangvollen Namen aufzuwerten. In der Tat fühlt sich dadurch mancher Urlauber getäuscht, der sein Quartier etwa per Internet oder Telefon bucht und keine Möglichkeit hat, vorher die örtlichen Verhältnisse in Augenschein zu nehmen. So eine Mogelei ist aber legitim, solange im Katalog-Kleingedruckten (was z.B. die Lage angeht) nicht bewusst gelogen wird. Obwohl diese Namenspraxis also reine Augenwischerei ist, wird sie überall auf der Welt praktiziert und ist nach deutschem Reiserecht legal. Ein Hotel »Strandperle« muss daher nicht am Strand stehen! In einem vergleichbaren Fall entschied das Oberlandesgericht Celle, dass Namen Schall und Rauch sind und ein Hotel, das »Beach Club« heißt, sich nicht direkt am Strand befinden müsse. Daher könne das auch nicht als Mangel geltend gemacht werden. Zumal im Katalog auf lange Wege hingewiesen worden war (Az.: 11 U 251/03).

Sind hässliche Menschen am Strand ein Reisemangel?

Werte Redaktion,
ich achte sehr auf mein Äußeres und tue viel für meine gute Figur. Ich esse diszipliniert, jogge jeden Tag und gehe ein paar Mal die Woche ins Fitness-Studio. Umso schlimmer finde ich, wie sich manche Leute gehen lassen. Da wird den ganzen Tag sinnlos fettes Zeug in sich reingestopft oder faul auf der Couch gelegen. Ist doch kein Wunder, dass man dann in die Breite geht und alles schwabbelt!

Muss man sich aber so hässlich auch noch der Allgemeinheit präsentieren und sich sogar nackt ausziehen? Das ist unästhetisch. Als ich jetzt auf Mallorca war, ist mir das extrem aufgefallen. Am Strand war ich umzingelt von lauter hässlichen, fetten Menschen – ein unschöner Anblick. Mir tun jetzt noch die Augen weh! Muss man das eigentlich hinnehmen? Schließlich gibt es doch in vielen Urlaubsgegenden spezielle Strandabschnitte nur für FKK-Anhänger oder für Paare mit Kindern. Warum gibt es keine Extrastände für Dicke? Das wäre doch auch in deren Interesse, denn unter ihresgleichen würden die sich bestimmt wohler fühlen! Und ganz normale Menschen könnten ihren Urlaub mehr genießen. Kann ich die hässlichen Leute als Reisemangel angeben?

Eine schlanke Leserin,
die etwas zu dick aufträgt …

Sehr geehrte Leserin,
wir können uns nicht daran erinnern, jemals ein für Sie hilfreiches Urteil gelesen zu haben. Es gibt auch weder im Straf- noch im Bürgerlichen Gesetzbuch irgendwelche Regelungen zu der von Ihnen beklagten »optischen Umweltverschmutzung«. Lediglich dann, wenn Sie eine Pauschalreise buchen und in der Beschreibung ausdrücklich versprochen wird, dass Sie nur von schönen Menschen umgeben sind, haben Sie auf diese Leistungszusage einklagbaren Anspruch – bzw. könnten eine Preisminderung geltend machen. Aber wir kennen auch keinen Veranstalter, der so etwas verspricht. Vielleicht, weil sich über Schönheit streiten lässt.

Kapitel 12

... und immer wieder schlägt der Alltag zu

»Es gibt wirklich nichts, was es nicht gibt.« Dieser Gedanke kommt einem bei vielen besonders kuriosen Leserzuschriften. Machen Sie doch mal die Probe aufs Exempel und überlegen Sie sich, ob Sie auf folgende Anfragen spontan eine Antwort hätten: »Wie fahre ich auf legale Weise schwarz?«, »Warum bin ich morgens dick und mittags dünn?«, »Wo kommen Fusseln her?« Gar nicht so einfach, oder? Die Tücken des Alltags sind eben vielfältig und geben den Menschen so manches Rätsel auf. Wie schön, wenn sie sich dann hinsetzen und einen Brief an uns schreiben. Weil wir aber bei so originellen Fragen nicht immer sofort eine Antwort wissen, nehmen wir uns viel Zeit für die Recherche. Und erweitern dadurch nicht nur den Horizont der Leser, sondern auch unseren eigenen. Dafür möchten wir uns auf diesem Wege herzlich bedanken! Zum Abschluss folgen nun ein paar briefliche Highlights, die das Zeug zum echten »Klassiker« haben. Viel Vergnügen bei der Lektüre!

Wie pflege ich ein Sofa aus Elefantenleder?

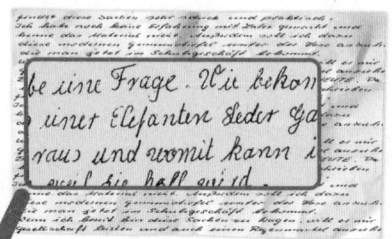

Sehr geehrte Redaktion, ich habe eine Frage. Wie bekomme ich aus einer Elefantenleder-Garnitur Flecken raus, und womit kann ich sie abreiben, weil sie hell wird?

Eine Leserin, die bei Möbeln die neue »Elefanz« bevorzugt

Sehr geehrte Leserin,
zunächst einmal halten wir es für sehr unwahrscheinlich, dass es tatsächlich Elefantenleder ist. Denn dann hätten Sie eine echte Rarität in der Wohnung stehen, zumal der Handel mit Elefantenleder unter das Artenschutzabkommen fällt. Sollte es sich also um echtes Elefantenleder handeln, was dann schon Jahrzehnte alt oder illegal importiert sein müsste, sollten Sie einen Fachmann konsultieren. Beauftragen Sie am besten einen Sattler mit allen Arbeiten an diesem Leder, um bleibende Schäden zu vermeiden. Meist handelt es sich bei den als »Elefantenleder« angebotenen Materialien jedoch um ganz normales Leder (meist Rindnappa), das lediglich die Narbung von Elefantenleder aufweist. Dieses Leder kann mit allen üblichen Lederpflegemitteln behandelt, gereinigt und auch gefärbt werden.

Darf ein Fotograf auch Geld für schlechte Bilder verlangen?

Sehr geehrte Redaktion,
bei unserer diamantenen Hochzeit knipste ein Fotograf.
Aber der scheint sein Handwerk überhaupt nicht zu
verstehen! Jedenfalls will er uns alle Negative berechnen.
Das finden wir etwas ungezogen. Wir möchten nicht für
schlechte Bilder zahlen, sondern nur für die positiven und
gelungenen Fotos. Wir wissen aber nicht so recht, wie wir
das sagen sollen. Wir wollen ja keinen Streit. Haben Sie
vielleicht einen guten Rat für uns?

Eine Leserin, die durch ein kleines,
charmantes Missverständnis nicht ganz
im Bilde ist

Sehr geehrte Leserin,
Sie können ganz beruhigt sein. Die Berechnung des Fotografen ist korrekt. Er schiebt Ihnen auch keine Ausschuss-
Fotos unter, die Sie nicht gebrauchen können. Die ganze
Sache scheint vielmehr auf einem kleinen Irrtum zu beru-
hen! Im fotografischen Kontext ist der Begriff »Negativ«
nämlich nicht als Wertung gemeint (gutes positives Motiv,
schlechtes negatives Motiv), sondern so wird lediglich das
Ergebnis eines belichteten Films bezeichnet. Ihr Fotograf ist
offensichtlich kein Anhänger der Digitalfotografie (da gibt
es keine Negative mehr), sondern er legt Filme in seine
Kamera und belichtet diese. Doch auf den so produzierten
Negativen sind alle Farben andersherum dargestellt,
schwarze Bereiche werden weiß abgebildet und umgekehrt –
das erklärt die Bezeichnung »Negativ«. Der Fotograf muss

also diese Negative noch im Fotolabor entwickeln und sie so in ein »normales« Bild umwandeln.

Oft verbleiben die Negative im Besitz des Fotografen, denn er möchte daran verdienen, dass der Kunde davon später weitere Abzüge nachbestellt. Wenn er so fair ist und die Negative aushändigt, ist es sein gutes Recht, dafür anteilig Geld zu verlangen. Denn damit verzichtet er auf weitere Einnahmen. Sie dürfen sich also nach Herzenslust an den schönen Bildern Ihrer diamantenen Hochzeit erfreuen. Alles hat seine Richtigkeit!

Wie schreibt man korrekte Weihnachts- und Urlaubskarten?

Liebe Redaktion,
seit »zig Jahren« schreibe ich Grüße aus dem Urlaub, Wünsche zu Weihnachten und Gratulationen zu Festtagen! Da ich diese per Hand schreibe, setze ich natürlich zuerst

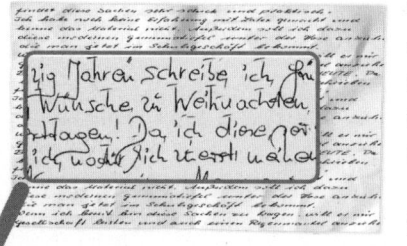

meinen Namen, dann den Namen meines Mannes und evtl. die der erwachsenen »Kinder« unter meinen Text.

Nun sagt eine meiner Freundinnen, dass dies nicht üblich sei! Der Anstand gebiete, zuerst alle anderen zu nennen – die oft gar nicht wissen, was ich schreibe – und mich selbst erst an letzter Stelle. Das sehe ich allerdings anders. Ich werde mich auch weiterhin an erste Stelle setzen, denn schließlich bin ich diejenige, die schreibt! Trotzdem würde ich gern Ihre Einschätzung darüber erfahren, wie man denn nun formvollendete, korrekte Weihnachts- und Urlaubskarten verfasst!

Eine Leserin, die sich durchaus in ihre Karten
gucken lassen möchte

Sehr geehrte Leserin,

zu der von Ihnen aufgeworfenen Frage gibt es keine allgemeinverbindliche Antwort, aus der sich ein »richtig« oder »falsch« ableiten ließe. Im Volksmund heißt es zwar »Nur der Esel nennt sich selbst zuerst«. Dies bezieht sich aber ausschließlich auf die wörtliche Rede, also wenn man z. B. erzählen würde: »Ich war mit Peter und Andreas …« Richtig wäre: »Mit Peter und Andreas war ich …« Zum Abschluss einer Karte ist es aber üblich, dass sich zuerst und überhaupt der Schreiber zu erkennen gibt – nur er steht für den Inhalt gerade. Es wäre sogar logisch falsch, als Ersten einen Namen darunterzusetzen, dessen Träger den Wortlaut der Karte gar nicht kennt. Korrekt wäre deshalb, wenn der Schreiber sich zuerst nennt und dann hinzufügt »… mit Peter, Erwin und Andreas« oder dies als zusätzlichen Gruß formuliert: »Eure liebe Petra – mit herzlichen Grüßen auch von …« Denn letztlich stimmt nur diese Variante. Die anderen lassen zwar grüßen, geschrieben haben sie aber nicht.

Kann ich mit Schwarzfahr-T-Shirt den Fahrschein sparen?

Hallo Redaktion,
im Internet habe ich von einem Typen gelesen, der sich auf
sein T-Shirt »Ich fahre schwarz« drucken ließ. Statt eine
Fahrkarte zu lösen, zog er das Shirt an, wenn er mit
öffentlichen Verkehrsmitteln unterwegs war. Weil er auf
diese Weise ganz offen zugab, schwarzzufahren, ging es
nicht um das Erschleichen einer Leistung – oder wie immer
die das nennen, wenn sie Schwarzfahrer drankriegen wol-
len. Ich finde die Idee witzig und cool und würde mir auch
gern so ein Shirt zulegen. Könnte ich den Kontrolleuren
damit ein Schnippchen schlagen?
      Ein Leser, der bisher mit Ticket immer gut gefahren ist

Sehr geehrter Leser,
wir möchten Ihnen dringend davon abraten, sich statt mit
einem gültigen Fahrausweis mit so einem T-Shirt zu
»schmücken«. Diese »witzige« Aktion könnte Sie nämlich
teuer zu stehen kommen. Dem Urheber dieser kreativen
Idee ist jedenfalls inzwischen das Lachen vergangen, denn
er wurde wegen mehrfachen Schwarzfahrens in der
Straßenbahn zu einer saftigen Geldstrafe verurteilt. Außerdem musste er für die Gerichtskosten und das erhöhte Fahr-
geld aufkommen (AG Hannover, Az.: 223 Cs 549/09). Dass
der Aufdruck »Ich fahre schwarz« gut sichtbar war, spielte
für die Richter keine Rolle. Sie befanden: Der Schwarzfahrer in spe hätte darüber hinaus vor Antritt seiner Fahrten jedes Mal sowohl den Fahrer als auch die Kontrolleure
auf den provokativen Text aufmerksam machen müssen.
Weil er das unterlassen hatte, kam es zur Verurteilung.

Sie sehen also, dass die Idee mit dem Schwarzfahr-T-Shirt nicht so genial ist, wie Sie gehofft hatten. Denn Geld sparen Sie auf längere Sicht damit nicht, sondern handeln sich im Gegenteil sogar jede Menge Ärger ein.

Ich reinige meinen Morgenrock mit Joghurt. Wollen Sie das nicht mal empfehlen?

Sehr geehrte Redaktion,
da ich morgens mit Joghurt und Marmelade frühstücke, bekommt mein Morgenrock öfter mal was ab. Ich habe versucht, mit Joghurt diese Flecken auszureiben, es hat geklappt! So gingen u.a. Waldfruchtmarmelade und auch Kaffee raus. Der Morgenrock ist übrigens aus Frottee. Wäre das nicht ein wundervoller Haushaltstipp für Ihre Leser?
Eine Leserin, die nicht nur kleckert, sondern auch klotzt – mit eigenartigen Reinigungstipps

Sehr geehrte Leserin,
das ist ja ein wirklich origineller Haushaltstipp, den Sie uns da geben. Aber leider müssen wir trotzdem von einer Veröffentlichung absehen. Denn je nach Gewebe kann Joghurt (wegen des Eiweißanteils) sehr hartnäckige Flecken hinterlassen. Deshalb können wir uns auch nicht so recht erklären, wie das bei Ihnen funktioniert. Sollte es bei anderen Lesern nicht klappen, könnten die verständlicherweise sauer auf uns sein. Und dieses Risiko möchten wir lieber nicht eingehen. Ihnen aber wünschen wir weiterhin viel Erfolg mit Ihrer ungewöhnlichen Reinigungsmethode.

Warum bin ich in der Boutique viel schlanker als zu Hause?

Sehr geehrte Damen und Herren,
ich muss Sie mal etwas fragen, denn ich kann mir nicht erklären, warum das passiert: Wenn ich mir neue Kleidung kaufe, sehe ich beim Anprobieren in der Boutique immer schlank und toll aus. Aber zu Hause vorm Spiegel gefällt mir mein Outfit oft gar nicht mehr, weil ich darin mopsig wirke. Dabei kann ich in so kurzer Zeit ja nicht mehrere Kilos zugenommen haben. Die Waage zeigt auch, dass ich vor und nach einem Shoppingbummel immer dasselbe wiege. Das habe ich extra ausgetestet. Trotzdem bin ich in Geschäften wirklich schlanker als zu Hause. Warum ist das so?

Eine Leserin, die beim Shoppen in Zukunft wohl nicht mehr durch Spiegel blank werden wird ...

Sehr geehrte Leserin,
Ihre Beobachtung ist kein Hirngespinst, sondern es gibt dafür eine einfache Erklärung. Viele Boutiquen und auch Kaufhäuser arbeiten ganz gezielt mit einem kleinen Spiegel-Trick, der die Kunden schlanker wirken lässt. Die sollen sich im Laden wohl fühlen und bei der Anprobe positiv bestätigt werden – dann ist die Wahrscheinlichkeit groß, dass mehr ausgegeben wird, als ursprünglich beabsichtigt war.

Sie können Boutiquen, in denen man Sie austricksen will, schnell auf die Schliche kommen. Prüfen Sie beim nächsten Besuch einfach, ob die Spiegel plan an den Wänden anliegen oder ob sie leicht geneigt sind. Genau diese

Trickserei bewirkt eine optische Täuschung, die jeden Menschen vor allem ab der Hüfte aufwärts schlanker wirken lässt, obwohl er kein einziges Gramm abgenommen hat ...

Was tun gegen eine Flusenplage im Haushalt?

Diese Leserin legte ihrem Schreiben freundlicherweise einen Probebeutel mit schmutzigen Flusen bei, damit wir das Problem »begreifen« konnten ...

Liebe Redaktion!
Meine Freundin kämpft mit einer Schwierigkeit, bei der selbst ich als erfahrene Hausfrau ihr nicht weiterhelfen kann. Vielleicht wissen Sie Rat?
Seit ca. 3 Monaten hat sie eine eigene Wohnung bezogen; die liegt zwar in einem Altbau, aber die gesamte Einrich-

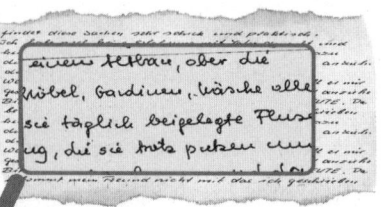

tung, Möbel, Gardinen, Wäsche, alles ist neu. Nun findet sie täglich beigelegte Flusen in der ganzen Wohnung, die sie trotz putzen und staubsaugen nicht loswerden kann – und das bei Laminatböden. Woher kommen diese Fasern? Und was kann man gegen die Flusenplage tun? Ich bin wegen meiner Unwissenheit schon leicht genervt!

Eine reinliche Leserin, die sich nichts sehnlicher wünscht, als dass sich alle Fusseln endlich aus dem Staub machen

Sehr geehrte Leserin,

bei den uns eingesandten Flusen handelte es sich um eine gut durchwirkte Mischung von Kunstfasern (offenbar Teppichabrieb?), Menschenhaar und normalem Staub. Auch wir können uns nicht erklären, wie die Flocken in dieser Zusammensetzung entstanden sind – eigentlich käme als Ursache für eine derartige Durchmischung nur der Staubsauger oder ein Teppichkehrer ohne Elektroantrieb infrage. Ihre Freundin sollte deshalb prüfen, ob Staubsaugerdüse bzw. Besen des Teppichkehrers sauber sind. Vermutlich bilden sich dort beim Reinigen diese Flocken, werden aber nicht ins Gerät befördert und bleiben deshalb auf dem Boden liegen.

Streugranulat hat meine Stiefel ruiniert.
Gibt es Ersatz von der Stadt?

Sehr geehrte Redaktion,

im letzten Winter waren alle Wege ständig vereist und glatt, das gebe ich zu. Trotzdem finde ich es unerhört, dass meine teuren Winterstiefel durch das Granulat, das gestreut wurde, zerkratzt worden sind. Vor allem die Sohlen sind ruiniert. Eigentlich kann ich die Schuhe wegschmeißen! Und normalerweise trage ich Winterstiefel drei oder vier Jahre. Die unnatürliche Abnutzung, die ich nicht selbst verursacht habe, würde ich am liebsten der Stadt in Rechnung stellen. An welches Amt muss ich mich wenden, um Geld für Ersatz-Stiefel zu beantragen?

Eine Leserin, die genau benennen kann,
wo sie der Schuh drückt

Sehr geehrte Leserin,

es ist unstrittig, dass Streugranulat an Stiefeln, Fahrrädern u.ä. Gebrauchsgegenständen Schaden anrichten kann. Häufig kommt es deswegen zu erhöhtem Materialverschleiß. Jemand ist deshalb sogar schon einmal vor Gericht gezogen und hat gegen seine Gemeinde geklagt. Allerdings ohne Erfolg, damals stuften die Richter die Abnutzung von Schuhen als »allgemeines Lebensrisiko« ein, für das niemand haftet. Falls Sie das dazugehörige Aktenzeichen interessiert: LG Oldenburg, 5 O 3480/04. Wir können Ihnen dementsprechend keine großen Hoffnungen machen, dass Sie von der Stadt eine Entschädigung erhalten.

Warum ist meine Warteschlange immer die längste?

Sehr geehrte Redaktion,
ich wollte mal fragen, ob Sie eine Erklärung für das haben, was mir ganz oft passiert. Wenn ich mich in eine Warteschlange stelle, also zum Beispiel am Bahnschalter, an der Konzertkasse und natürlich am häufigsten im Supermarkt, dann geht es in den anderen Schlangen immer viel schneller voran, nur an meiner kommt alles zum Stehen, und ich warte am allerlängsten! Das bleibt sogar so, wenn ich die Schlange zwischendurch wechsele. D.h.: Wo es eben noch zügig voranging, stockt es, sobald ich dort anstehe. Hat es das Schicksal auf mich abgesehen? So viel Pech ist doch nicht normal, oder?

Eine Leserin, die sich – scheinbar zu Recht –
beim Anstellen etwas anstellt

Sehr geehrte Leserin,

wir möchten Ihnen zunächst versichern, dass es bei uns keine ungleich langen Warteschlangen gibt. Sie mussten also auf unsere Antwort nicht länger warten als andere Leser, denn wir bearbeiten eingehende Post sehr gerecht der Reihe nach. Und die zweite gute Nachricht: Wir schließen mit an Sicherheit grenzender Wahrscheinlichkeit aus, dass dunkle Mächte es ausgerechnet auf Sie abgesehen haben. Viele Menschen haben den subjektiven Eindruck, dass sie sich grundsätzlich immer in die falsche Warteschlange stellen. Mit diesem Phänomen haben sich bereits Psychologen befasst. Sie kamen zu dem Schluss, dass wir uns schlichtweg täuschen, wenn wir denken, dass es ausgerechnet in unserer Warteschlange am längsten dauert. Dieser Irrtum erklärt sich mit der Urangst des Menschen, benachteiligt zu werden. Und diese unbewusste Angst ist so groß, dass wir die tatsächliche Wartezeit um zirka 30 Prozent überschätzen! Wir hoffen, dass wir Sie mit diesen Hintergrundinformationen ein wenig beruhigen konnten.

Stephan Orth / Antje Blinda

Sorry, wir haben die Landebahn verfehlt

Kurioses aus dem Cockpit

ISBN 978-3-548-37326-3
www.ullstein-buchverlage.de

Vergessene Triebwerke, Piloten ohne Orientierung, Kühe auf der Landebahn: So manche Durchsage an Bord eines Flugzeugs treibt selbst erfahrenen Passagieren die Schweißperlen auf die Stirn. Hunderte von Lesern haben ihre Erlebnisse aus dem Cockpit an *Spiegel Online* geschickt – die besten und lustigsten Zitate und Anekdoten sind in diesem Buch versammelt. Also schnallen Sie sich an, klappen Sie die Tische hoch, und stellen Sie die Sitzlehnen aufrecht. Denn: »Meine Damen und Herren, das wird ein holpriger Ritt!«

»Sie brauchen nicht nervös zu sein, der Kapitän ist es auch nicht – und der macht den Anflug zum ersten Mal!«

US337

Allan & Barbara Pease

Warum Männer nicht zuhören und Frauen schlecht einparken

Ganz natürliche Erklärungen für eigentlich unerklärliche Schwächen

ISBN 978-3-548-37330-0
www.ullstein-buchverlage.de

Warum reden Frauen so viel, während Männer lieber schweigen? Warum wollen Männer Sex und Frauen nur kuscheln? Allan und Barbara Pease werfen einen amüsanten Blick auf die kleinen, aber bedeutsamen Unterschiede zwischen Mann und Frau.

Der internationale Bestseller mit neuem Bonusmaterial.

US345